LA MAGIA DE DIBUJAR
FIGURA HUMANA

CARLOS OSTOS SABUGAL

COLIN Y ASOCIADOS,
S.A. DE C.V.

Este libro fue realizado por

Carlos Ostos Sabugal

con la colaboración de:

profra. Cristina Sabugal Machaén
Asesoría general

Miguel Angel Chehaibar
Asesoría en el capítulo "La Caricatura"

Juan Antonio Ontiveros
Dibujo en el capítulo "El cómic"

Romy Villamil
Asesoría y dibujo en el capítulo "El Manga"

Jorge Hernández
entintado en el capítulo "El Manga"

Impreso en México por

COLIN Y ASOCIADOS S.A. DE C.V.

Prolongación Lucas Alaman 2200
Col. del parque
C.P. 15960 México D.F.
Tel. 55-52-17-95   57-68-58-03

1era. edición Febrero 2006

En cuanto la raza humana tomó conciencia de si misma hace miles de años, plasmó
su forma de ver el mundo en la roca de las cavernas;
y en cuanto cada ser humano se descubre a sí mismo , deja la marca de sus primeras
ideas mediante garabatos ininteligibles en la pared de la casa de sus padres.

En todas las épocas y en todos los lugares, el ser humano siempre ha sentido la
necesidad de expresarse por medio del dibujo,
más sin embargo, conforme la vida va avanzando, esas aspiraciones artísticas
van quedando en el olvido y nos vamos convenciendo a nosotros mismos
de que la capacidad para representar conceptos, ideas y emociones
con unos cuantos trazos en el papel es un privilegio reservado para unos pocos
bendecidos con un don especial.

Los que realizamos este libro creemos firmemente que no es así.

Por experiencia propia nos hemos dado cuenta que el dominar el arte del dibujo
no depende de la buena fortuna, sino de las ganas por aprender
y de la constancia para no rendirse en el intento.
También hemos descubierto que la capacidad para dibujar no sólo radica en
la habilidad de las manos, sino principalmente en la capacidad de observar
los objetos y descubrir las formas geométricas ocultas en ellos.

Y gracias a muchos errores y fracasos, aprendimos que la acuarela, el óleo,
el aerógrafo y hasta los modernos instrumentos computarizados
no se manejan solos, se necesitan horas de práctica y experimentación
para empezar a dominarlos y lograr que reproduzcan las imágenes
que tenemos dentro de la cabeza.

La presente obra está dedicada a todos aquéllos que también creen que aprender
a dibujar no es cosa de magia, y están decididos a intentarlo poniendo el empeño
necesario para lograrlo.

En este libro podrás encontrar los fundamentos para comprender y dibujar
el cuerpo humano,
que es la creacion más perfecta de la naturaleza y
el ingrediente más importante en el arte.
También te daremos los lineamientos básicos para que puedas llevar esos
conocimientos a la práctica en el campo de la caricatura, el cómic, el manga
y la ilustración fantástica.

Sabemos que ningún libro, por extenso que sea, podría develarte
todos los secretos que encierra el mundo del dibujo;
por eso lo mejor que podemos hacer es proporcionarte los conocimientos básicos
y consejos prácticos que te sirvan de punto de partida para iniciar tu camino
en el mundo del arte.

El resto depende de tí.

PARA EMPEZAR:

Para empezar a dibujar no hacen falta materiales especiales o muy costosos; lo verdaderamente necesario son ganas para aprender y tenacidad para no rendirse en el intento.
Aquí están algunos consejos sobre las herramientas básicas que te serán útiles, no sólo mientras aprendes a dibujar, sino durante todas tus futuras experiencias como dibujante:

LAPICES:

Existe una amplia variedad de lápices, graduados segun su dureza e intensidad de trazo.

Los lápices H son duros y de trazo ténue; su numeración abarca, según aumenta su dureza, desde el H hasta el 9H.

El lápiz HB es el punto medio.

Los lápices B (desde el B hasta el 9B) son gruesos y de trazo intenso.

Para el principiante, el lápiz más recomendable es de una graduación 2B

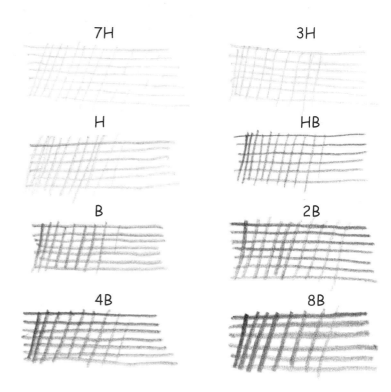

BLOCK DE DIBUJO:

Un block de papel bond blanco bastará para que inicies tus prácticas de dibujo; trata de no arrancar las hojas aunque te equivoques en tus ejercicios; de esta forma podrás irte dando cuenta de tus avances.

Cuando quieras realizar dibujos más elaborados es recomendable utilizar un cuaderno de papel marquilla o pliegos de papel ingres blanco.

Para practicar la perspectiva y las proporciones, el bocetar en hojas cuadriculadas te facilitará mucho el trabajo.

Lo mejor que puedes hacer para aprender a dibujar es ponerte a dibujar en cada oportunidad que tengas, intentando trazar rápidamente, y sin detenerte a corregir tu dibujo, personas, paisajes o cualquier cosa que llame tu atención en el lugar donde te encuentres.
Para ello, procura cargar siempre contigo un portaminas (El cual te ahorrará el inconveniente de tener que sacar punta) y una pequeña libreta.

Guarda estas libretas llenas de apuntes y revísalas periódicamente; seguramente mucho de lo que hayas dibujado allí te será de utilidad como base para futuras obras maestras.

OTROS MATERIALES:

TABLA DE DIBUJO: La madera te dará el soporte necesario para trazar con libertad mientras que el clip en la parte superior mantiene sujetas nuestras hojas

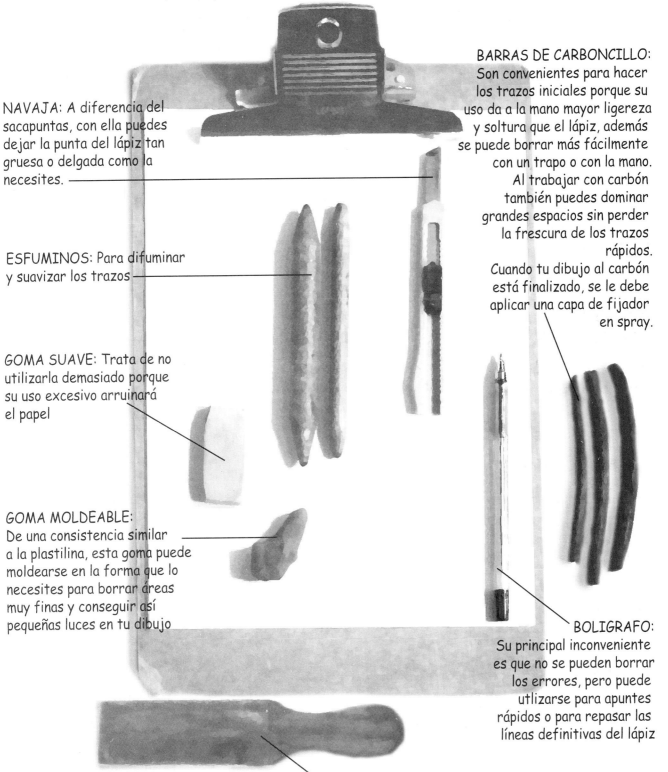

NAVAJA: A diferencia del sacapuntas, con ella puedes dejar la punta del lápiz tan gruesa o delgada como la necesites.

ESFUMINOS: Para difuminar y suavizar los trazos

GOMA SUAVE: Trata de no utilizarla demasiado porque su uso excesivo arruinará el papel

GOMA MOLDEABLE: De una consistencia similar a la plastilina, esta goma puede moldearse en la forma que lo necesites para borrar áreas muy finas y conseguir así pequeñas luces en tu dibujo

BARRAS DE CARBONCILLO: Son convenientes para hacer los trazos iniciales porque su uso da a la mano mayor ligereza y soltura que el lápiz, además se puede borrar más fácilmente con un trapo o con la mano. Al trabajar con carbón también puedes dominar grandes espacios sin perder la frescura de los trazos rápidos. Cuando tu dibujo al carbón está finalizado, se le debe aplicar una capa de fijador en spray.

BOLIGRAFO: Su principal inconveniente es que no se pueden borrar los errores, pero puede utlizarse para apuntes rápidos o para repasar las líneas definitivas del lápiz

LIJA: Con ella puedes dejar la punta del lápiz redonda, puntiaguda, recta o biselada, dando así diferentes efectos en tu trazo

Aquí puedes ver como el resultado final de un dibujo depende mucho de la técnica de realización.

Practica el uso de los diferentes materiales para que, al dominarlos, puedas elegir cuál es el apropiado para el acabado que quieras conseguir en tu obra.

Atrévete a combinar diferentes técnicas en un sólo dibujo y experimenta cuanto quieras hasta que quedes satisfecho con el resultado.

A lápiz

Con pluma

Al carbón

Al entrecruzamiento de líneas para dar diferentes valores tonales se le denomina ASHURADO

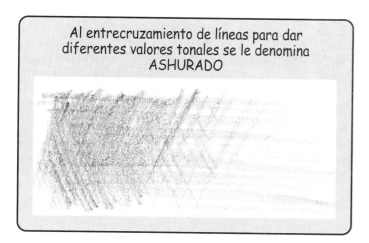

EL PUNTO

Vamos a dar inicio a nuestro viaje por el mundo del dibujo, y si en verdad queremos que nuestra aventura llegue a buen término, lo mejor será empezar por lo más sencillo.

Y no hay nada más sencillo de dibujar que un punto, así que toma una hoja en blanco y dibuja un punto.

Marca el punto en la parte que quieras, sin pensarlo mucho.

Ahora, en otra hoja en blanco intenta poner un punto EXACTAMENTE en el mismo lugar.

No traces ni midas, calcula las distancias a simple vista.

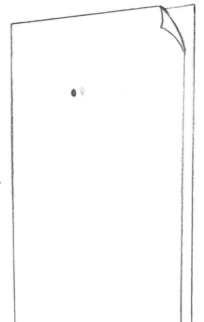

Coloca las dos hojas juntas y sujétalas a contraluz para saber cuánta diferencia hay en la ubicación de ambos puntos.

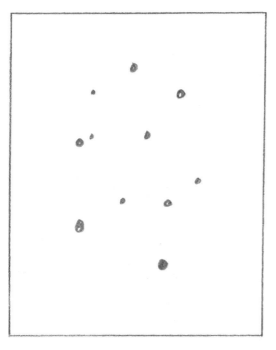

Repite este ejercicio aumentando el número de puntos, dibujándolos al azar y con diferentes tamaños.

Practica hasta que los puntos en ambas hojas coincidan en ubicación y tamaño

Recuerda que uno de los pasos más importantes para aprender a dibujar es el poder calcular correctamente la distancia, el orden y la proporción.

LA LINEA

La sucesión contínua de puntos forma una línea

La línea es la parte fundamental del dibujo porque sirve para definir los contornos, separar las diferentes áreas y concretar las formas.

Las líneas se dividen en: **RECTAS**

QUEBRADAS

y **CURVAS**

Para que puedas seguir adelante en el aprendizaje del dibujo es muy necesario que puedas trazar líneas con soltura. Para lograrlo lo único que necesitas es practicar y practicar y practicar hasta que tu mano adquiera la habilidad para hacerlo

En una hoja en blanco traza al azar dos puntos

Ahora únelos por medio de una línea recta trazada a mano

Repite el ejercicio constantemente

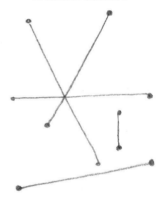

Intenta dibujar las líneas con SOLTURA, sin titubeos y de un sólo trazo; no importa lo chuecas que te queden al principio, sigue intentándolo y verás que poco a poco tus líneas quedarán más y más rectas.

Traza a mano libre líneas rectas, ya sea horizontales, verticales o inclinadas

Calcula a simple vista cuál es su centro y pon una marca.
Después mide tu línea con una regla y comprueba que tan acertado estabas en tus cálculos.

En una hoja en blanco libera tu mano y traza al azar líneas curvas o quebradas

¿Quieres hacer algo más difícil?

En una mitad de la hoja traza una línea curva o quebrada

Después, en otra hoja dibújalas otra vez, tratando de hacerlas exactamente iguales

Intenta copiar, además de la FORMA de la línea, su UBICACIÓN en la página

En la otra mitad intenta dibujar la misma línea pero a la INVERSA, es decir, como si se reflejara en un espejo

Tal vez al principio estos ejercicios te cuesten mucho trabajo y los resultados no sean tan buenos como esperabas

PERO NO TE DESANIMES

La constancia es una virtud que todo buen dibujante debe poseer

Dobla la hoja por la mitad y a contraluz comprueba tus aciertos y errores

FIGURAS GEOMETRICAS

Las formas geométricas están estructuradas con líneas
Hay seis figuras geométricas básicas para el dibujo; todas las imágenes que nos rodean parten de estas seis figuras básicas, que son:

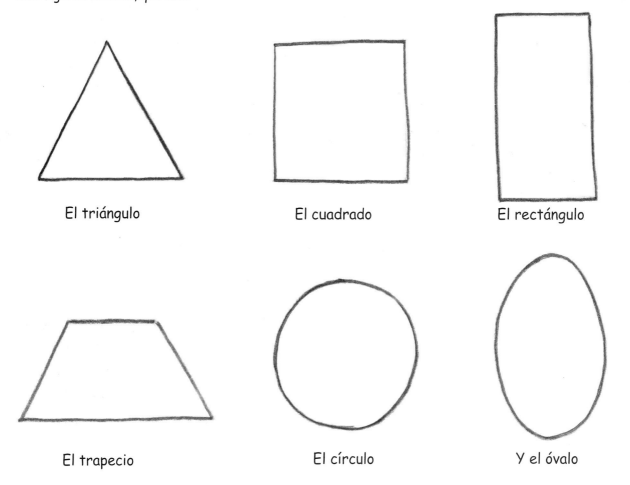

El triángulo   El cuadrado   El rectángulo

El trapecio   El círculo   Y el óvalo

Con la correcta combinación de estas seis figuras se puede realizar la estructura de cualquier cosa que quieras dibujar. Para ello debes llegar a ser capaz de trazarlas a mano libre, sin la ayuda de escuadras o compás.

Practica dibujándolas y recuerda hacerlo sin preocuparte si al principio no salen tan bien como deseas.

Intenta también dibujarlas con los ojos cerrados y con la mano izquierda (o con la derecha si eres zurdo).

TIP
Para trazar mejor los círculos empieza moviendo tu mano frente a tí con soltura, como si dibujaras círculos en el aire; poco a poco, sin dejar de hacer el movimiento circular ve acercando la mano al papel hasta que éste y el lápiz entren en contacto.

Ahora, en base a figuras geométricas vamos a construir la estructura básica del cuerpo humano:

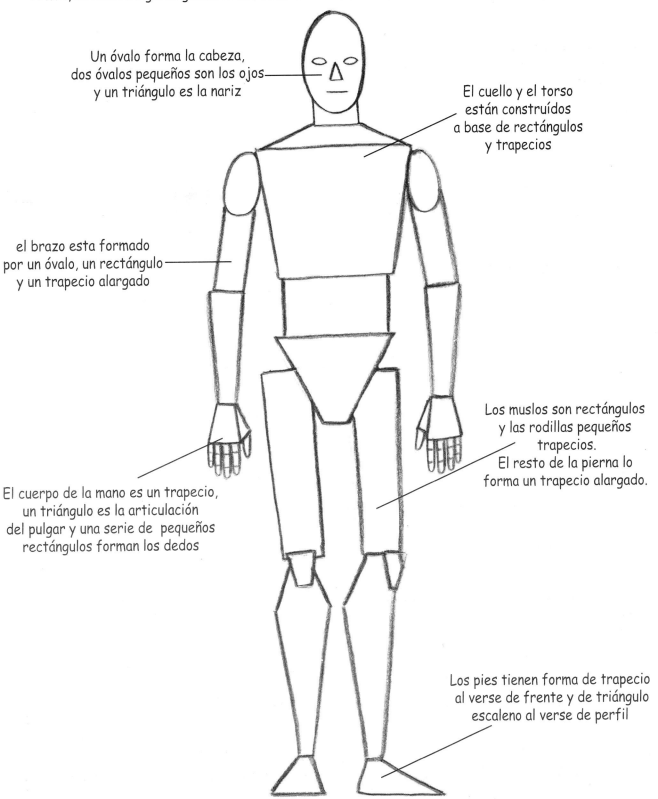

Un óvalo forma la cabeza,
dos óvalos pequeños son los ojos
y un triángulo es la nariz

El cuello y el torso
están construídos
a base de rectángulos
y trapecios

el brazo esta formado
por un óvalo, un rectángulo
y un trapecio alargado

Los muslos son rectángulos
y las rodillas pequeños
trapecios.
El resto de la pierna lo
forma un trapecio alargado.

El cuerpo de la mano es un trapecio,
un triángulo es la articulación
del pulgar y una serie de pequeños
rectángulos forman los dedos

Los pies tienen forma de trapecio
al verse de frente y de triángulo
escaleno al verse de perfil

El cuerpo humano es simétrico, es decir que los elementos que componen su lado izquierdo tienen la misma
forma que los de su lado derecho, pero vistos a la inversa, como reflejados en un espejo.

VOLUMEN

Con unas cuantas líneas podemos dar la forma de cualquier figura geométrica, sin embargo estas figuras son planas, pertenecen a un mundo de dos dimensiones (largo y ancho).

Para que nuestros dibujos reflejen el mundo de tres dimensiones en el cual vivimos hay que añadirles **VOLUMEN**. Esto se consigue por medio del sombreado.

Para lograr un buen sombreado primero hay que ubicar la fuente de luz que ilumina a la figura.
Entre mayor intensidad tenga esa luz, la sombra será más intensa.

La fuente de luz causa en la figura un área llamada superficie iluminada

El área opuesta a la fuente de luz es el área de sombra

Dentro de la superficie iluminada, el área que recibe más luz forma un punto brillante llamado luz alta

La sombra proyectada por el objeto sobre la superficie es la más oscura

La superficie sobre la que está ubicado el objeto también es iluminada por la fuente de luz, y parte de esa luz es reflejada en el objeto causando una ténue iluminación entre el área de sombra y la sombra proyectada

De la misma forma se pueden ir sombreando las formas geométricas del cuerpo humano para darles volúmen.

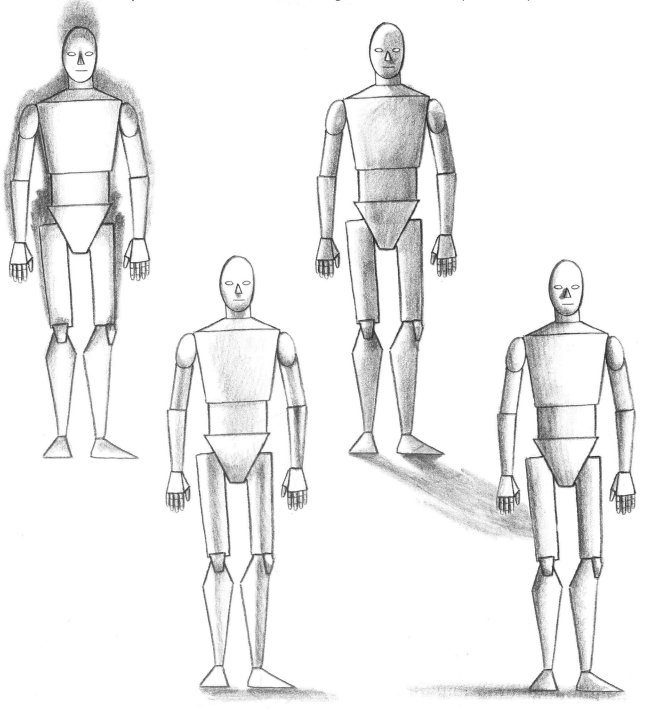

Coloca un jarrón o una taza frente a una ventana bien iluminada, observa las sombras
que produce y dibújalas. Después trata de imaginar cómo se verían las sombras de ese objeto
si la fuente de luz estuviera ubicada en diferentes posiciones.
Dibuja lo que vayas imaginando.
Cuando oscuresca, coloca una lámpara en los sitios donde anteriormente ubicaste tus fuentes
de luz imaginarias y comprueba si los dibujos que hiciste coinciden con la realidad.
Analiza tus errores y aciertos y sigue practicando con objetos de diversas formas

PERSPECTIVA

La perspectiva es el arte de dibujar los objetos no como son en realidad, sino como se le ofrecen a la vista.

Analiza este dibujo:

Como todos sabemos, un camión es más grande que un automóvil, y éste es más grande que una persona, sin embargo aquí podemos ver que los objetos próximos a nuestra vista parecen mayores y entre más alejados estén de nosotros se ven más pequeños.

También sabemos que los carriles de la carretera tienen una anchura constante, y que los postes de luz tienen todos la misma altura, pero aquí parece que la carretera se hace cada vez mas angosta y que los postes reducen su tamaño progresivamente.

Esto es porque las formas de los objetos, así como su tamaño, sufren transformaciones ante nuestra mirada, según la distancia o la altura a la que se encuentren de nuestro punto de vista.

Estos son los elementos principales para realizar un dibujo con perspectiva:

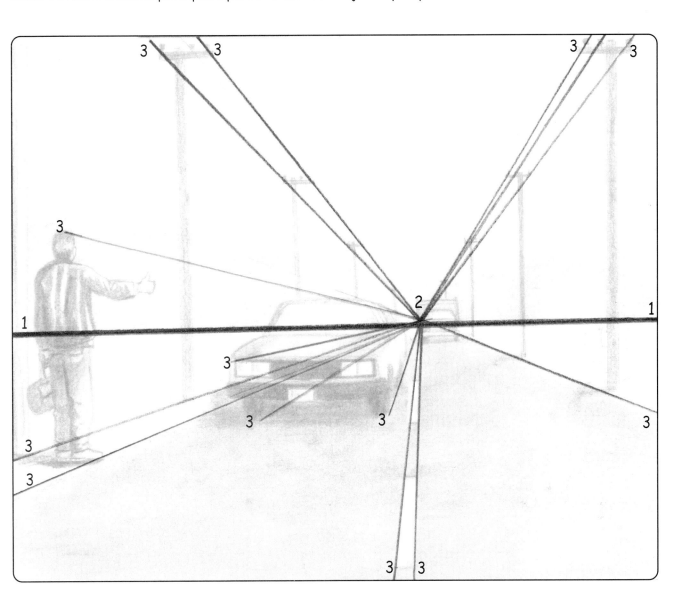

1.- HORIZONTE O NIVEL DEL OJO
Es la línea horizontal que se traza de acuerdo a la altura de la mirada del espectador, es decir, del autor del dibujo.

2.-PUNTO DE FUGA
Es el punto a donde concurren todas las líneas de fuga, este punto se coloca siempre a la altura de la línea del horizonte. En algunas ocasiones puede haber más de un punto de fuga.

3.- LINEAS DE FUGA:
Son las líneas que parten de cualquier lugar del cuadro y se dirigen al punto de fuga: mediante estas líneas se pueden construir los objetos de la forma y medidas correctas de acuerdo a su ubicación en el dibujo.

Siguiendo estas reglas básicas, podemos trazar en perspectiva cualquier forma geométrica

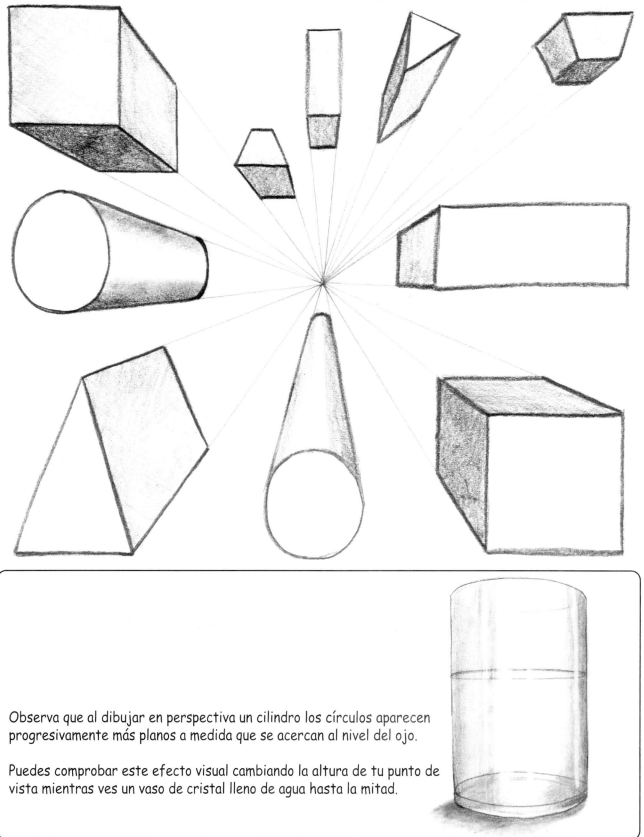

Observa que al dibujar en perspectiva un cilindro los círculos aparecen progresivamente más planos a medida que se acercan al nivel del ojo.

Puedes comprobar este efecto visual cambiando la altura de tu punto de vista mientras ves un vaso de cristal lleno de agua hasta la mitad.

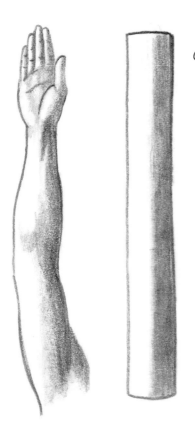
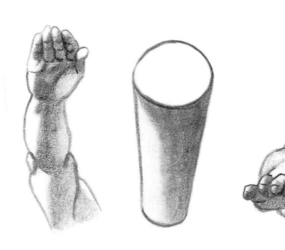

Cuando un objeto se inclina hacia nosotros, los puntos más próximos parecen fuera de proporción y a veces ocultan las partes más alejadas. A esta distorsión visual se le llama ESCORZO

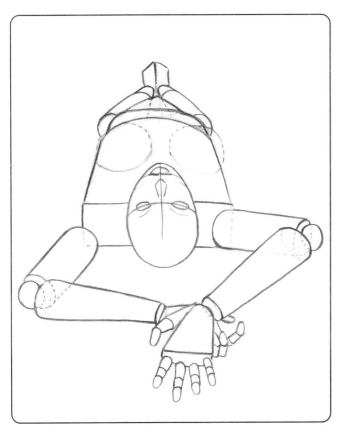

En estos cuadros puedes ver los pasos para dibujar un cuerpo humano en escorzo

PROPORCIONES HUMANAS

El primer paso para dibujar correctamente el cuerpo humano es conocer las partes que lo conforman y entender la proporción que guardan entre sí.

El estudio de estas proporciones tuvo un importante avance en el periodo conocido como RENACIMIENTO, movimiento de renovación cultural y artística que tuvo lugar en los siglos XV y XVI en Europa, principalmente en Italia.

La actitud antropocéntrica del Renacimiento convirtió al cuerpo humano en el paradigma de la perfección y en el objetivo fundamental de los artistas.

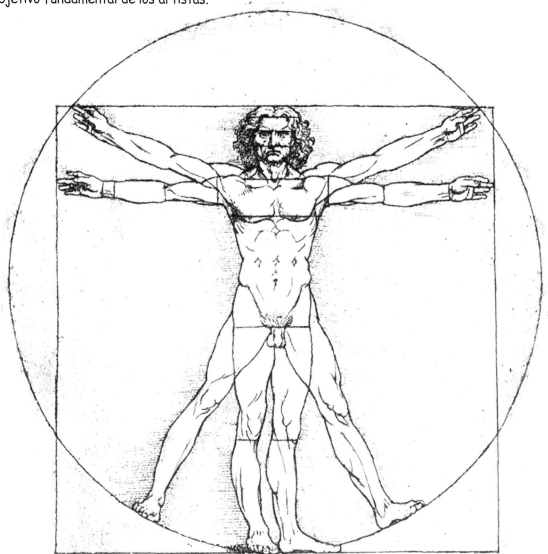

Este famoso dibujo de Leonardo da Vinci, realizado en 1492 muestra su idea de las proporciones ideales del cuerpo humano, tema básico en el arte renacentista. Aquí podemos ver, entre otras cosas, que el centro del cuerpo humano es el ombligo, y que la figura con los brazos en cruz forma un cuadrado perfecto.

Analiza con cuidado este dibujo, con una regla mide las diferentes partes del cuerpo y trata de encontrar las proporciones que guardan entre sí.

Ahora vamos a construir un cuerpo humano con las proporciones ideales tomando como base las figuras geométricas que ya conocemos.

Primero trazamos una línea recta vertical y la dividimos en ocho partes iguales; cada sección equivale al tamaño de la cabeza, que es la unidad de medida del cuerpo humano.

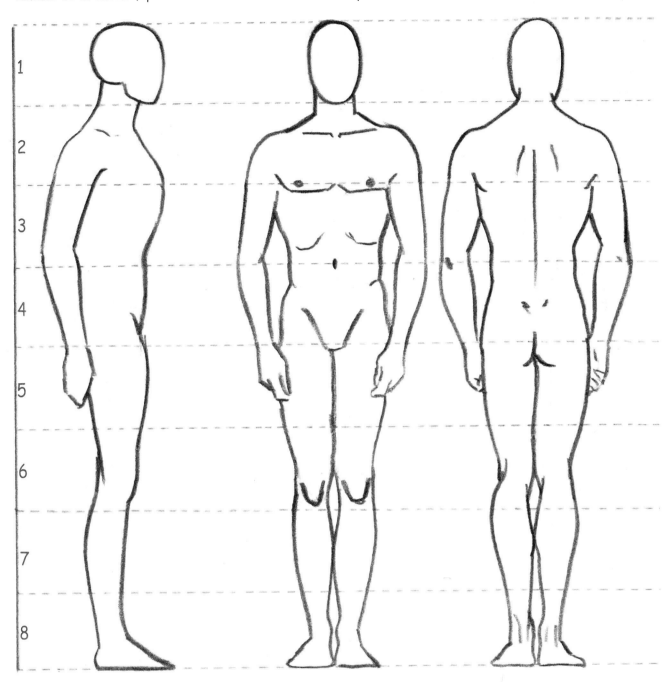

Puedes ver que la 1° sección corresponde a la cabeza, la 2° abarca desde la barbilla hasta el pezón, la 3° hasta el ombligo y debajo de los codos, la 4° hasta el pubis y las muñecas y la 6° debajo de las rodillas.

El ancho de los hombros es de dos cabezas, el de la cadera es de 1 1/2 cabezas y el largo del pie es de una cabeza. La mano mide aproximadamente las tres cuartas partes de una cabeza.

Hay que aclarar que artísticamente se usa la división de ocho cabezas porque hace que la figura aparezca estilizada, con las piernas más largas; pero las proporciones reales del cuerpo humano no son inmutables, sino que varían de acuerdo a la edad, la constitución física y la raza de cada individuo.

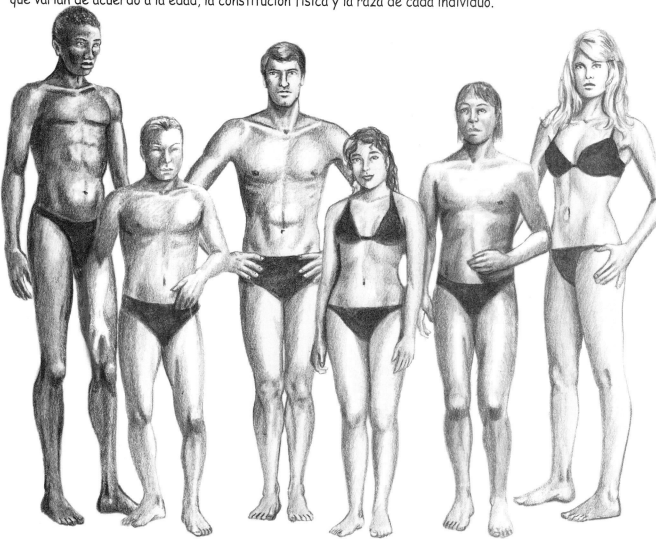

Recorta de periódicos o revistas fotos de personas de cuerpo entero; coloca encima una hoja de albanene y, tomando en cuenta el tamaño de la cabeza, divide el cuerpo en secciones.

Analiza la diferencia en las proporciones de los diversos tipos de cuerpo.

PROPORCIONES DE LA CABEZA

Vamos a dibujar una cabeza humana con proporciones ideales

Primero dibuja un óvalo que mida aproximadamente
un tercio más de altura que de ancho.

Divídelo vertical y horizontalmente en mitades.

Divide la línea horizontal en cinco
partes iguales.

Divide la vertical en diez partes iguales,
de tal modo que queden cinco arriba y
cinco abajo de la línea horizontal.

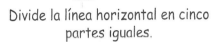
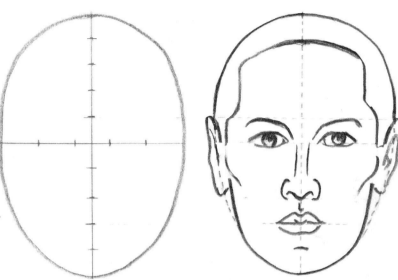

Así como para dibujar el cuerpo la medida es la cabeza, para calcular las proporciones de
la cabeza la medida es el ojo.

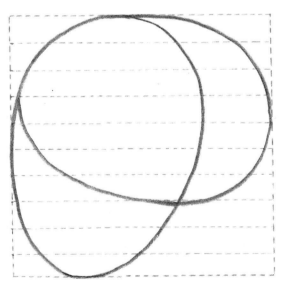
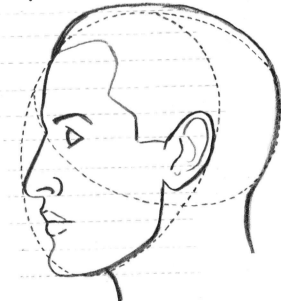

La cabeza vista de perfil es casi tan ancha como alta; dos óvalos del mismo tamaño proporcionan
aproximadamente la forma de la cabeza.

ANATOMIA HUMANA

No podemos seguir adelante sin antes comprender que la apariencia exterior del ser humano está determinada por complejas estructuras internas.

Vamos a analizarlas y a entender sus funciones.

EL ESQUELETO

El esqueleto es el armazón de nuestro cuerpo, y los huesos que lo componen están diseñados para desempeñar funciones específicas

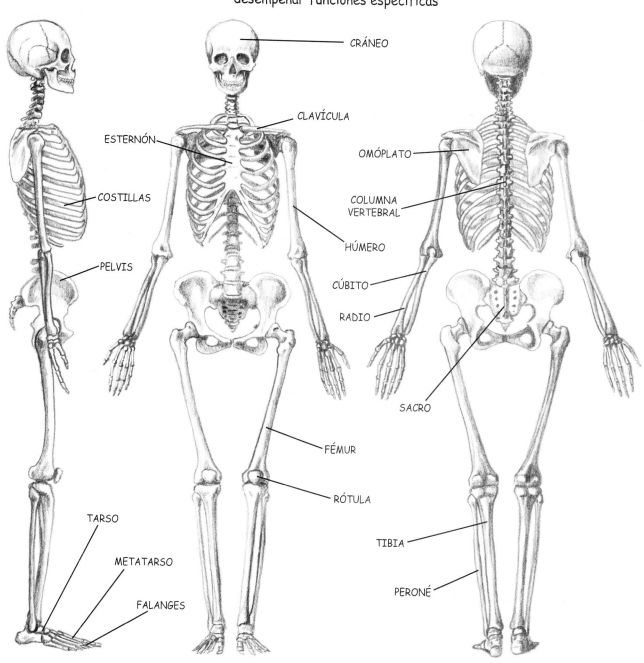

CRÁNEO

CLAVÍCULA

ESTERNÓN

COSTILLAS

PELVIS

OMÓPLATO

COLUMNA VERTEBRAL

HÚMERO

CÚBITO

RADIO

SACRO

FÉMUR

RÓTULA

TARSO

METATARSO

FALANGES

TIBIA

PERONÉ

Hay algunas partes del cuerpo donde el esqueleto solamente está cubierto por la piel, por lo que podemos darnos cuenta de su forma.

Al dibujar el cuerpo humano, estas zonas nos sirven como punto de referencia para calcular mejor las proporciones.

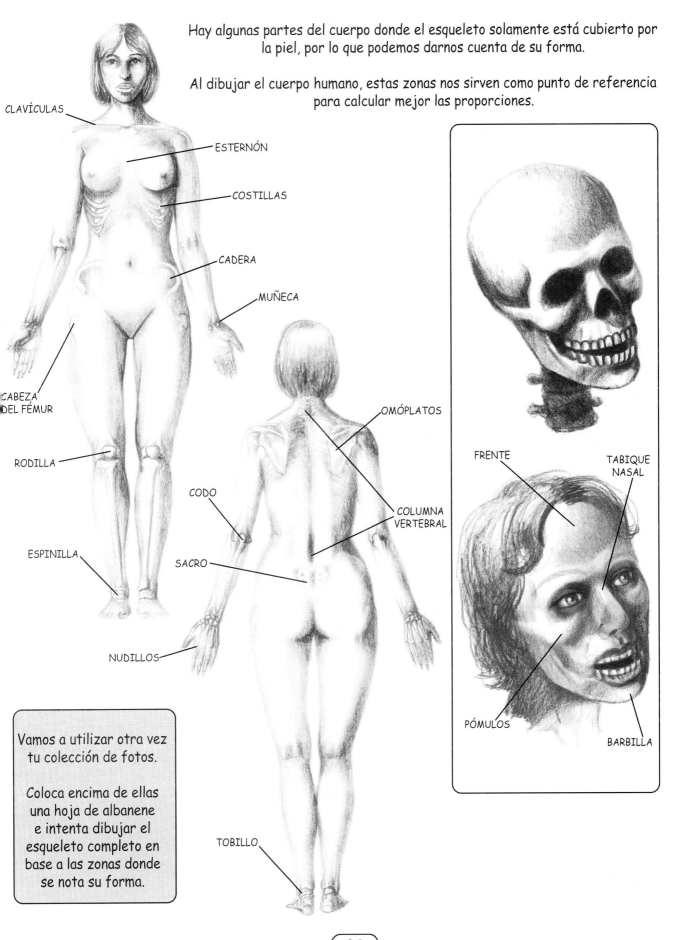

CLAVÍCULAS

ESTERNÓN

COSTILLAS

CADERA

MUÑECA

CABEZA DEL FÉMUR

RODILLA

CODO

ESPINILLA

SACRO

NUDILLOS

OMÓPLATOS

COLUMNA VERTEBRAL

TOBILLO

FRENTE

TABIQUE NASAL

PÓMULOS

BARBILLA

Vamos a utilizar otra vez tu colección de fotos.

Coloca encima de ellas una hoja de albanene e intenta dibujar el esqueleto completo en base a las zonas donde se nota su forma.

LA CABEZA

Ya vimos que los huesos son el armazón que determina el aspecto general del cuerpo, ahora vamos a conocer su recubrimiento, o sea, los músculos, tendones y piel.

Vamos a analizarlos parte por parte, y empezaremos por la cabeza, que es la parte más compleja e interesante de dibujar.

TEJIDO MUSCULAR

El tejido muscular del rostro humano es extremadamente dinámico; gracias a él podemos fruncir el ceño, parpadear, masticar, reir y hablar. Sin estos músculos nuestro rostro solo sería una máscara sin expresión.

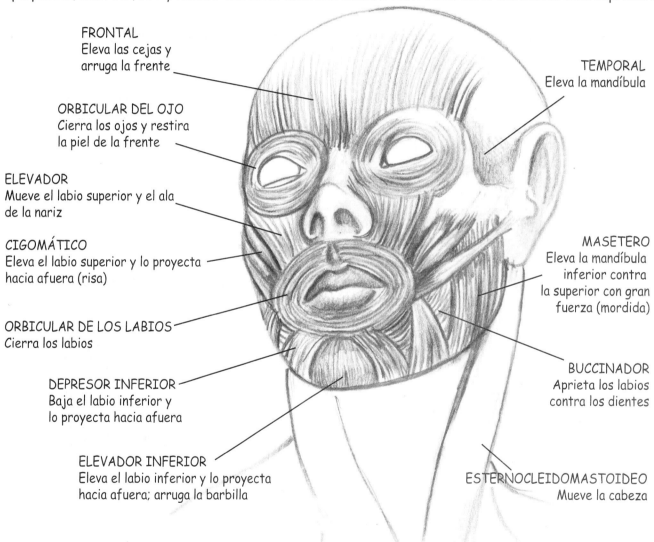

FRONTAL
Eleva las cejas y arruga la frente

ORBICULAR DEL OJO
Cierra los ojos y restira la piel de la frente

ELEVADOR
Mueve el labio superior y el ala de la nariz

CIGOMÁTICO
Eleva el labio superior y lo proyecta hacia afuera (risa)

ORBICULAR DE LOS LABIOS
Cierra los labios

DEPRESOR INFERIOR
Baja el labio inferior y lo proyecta hacia afuera

ELEVADOR INFERIOR
Eleva el labio inferior y lo proyecta hacia afuera; arruga la barbilla

TEMPORAL
Eleva la mandíbula

MASETERO
Eleva la mandíbula inferior contra la superior con gran fuerza (mordida)

BUCCINADOR
Aprieta los labios contra los dientes

ESTERNOCLEIDOMASTOIDEO
Mueve la cabeza

Debes tener siempre en cuenta que, como en el resto del cuerpo, la forma de la cabeza y de las partes que la componen (boca, nariz, orejas, ojos y cejas) varía de una persona a otra dependiendo de la raza, edad o sexo.

LA BOCA

Dibujar la boca humana cuando está quieta y sin expresión es muy sencillo:

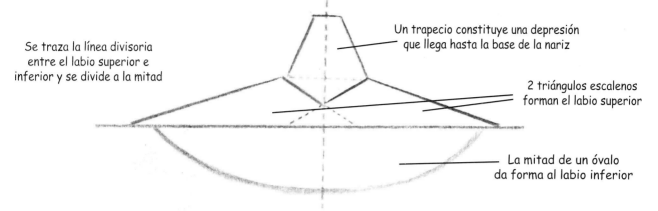

Se traza la línea divisoria entre el labio superior e inferior y se divide a la mitad

Un trapecio constituye una depresión que llega hasta la base de la nariz

2 triángulos escalenos forman el labio superior

La mitad de un óvalo da forma al labio inferior

Ahora sólo tenemos que suavizar las líneas y sombrear la figura recordando que se compone de superficies curvas

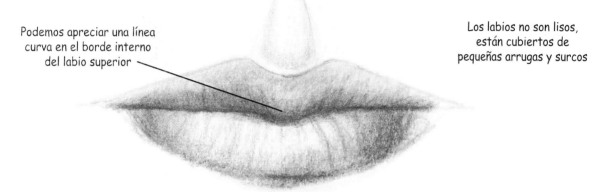

Podemos apreciar una línea curva en el borde interno del labio superior

Los labios no son lisos, están cubiertos de pequeñas arrugas y surcos

Para dibujar la boca de perfil se hacen básicamente los mismos trazos pero partidos a la mitad

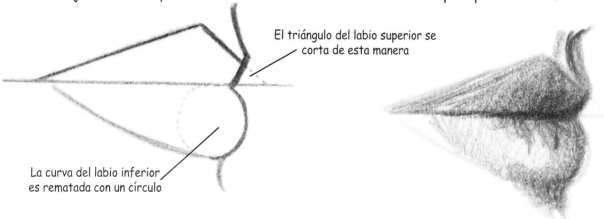

El triángulo del labio superior se corta de esta manera

La curva del labio inferior es rematada con un círculo

La boca es uno de los elementos más variables en el cuerpo humano; rara vez se está quieta y gracias a sus movimientos podemos expresar ira, dolor, placer, alegría, miedo y preocupación. Más adelante analizaremos esas expresiones.

Ponte de frente a un espejo y copia tu boca cerrada, después dí en voz alta las cinco vocales y ve dibujando cada transformación.

LA NARIZ

La base para dibujar la nariz es un triángulo isósceles

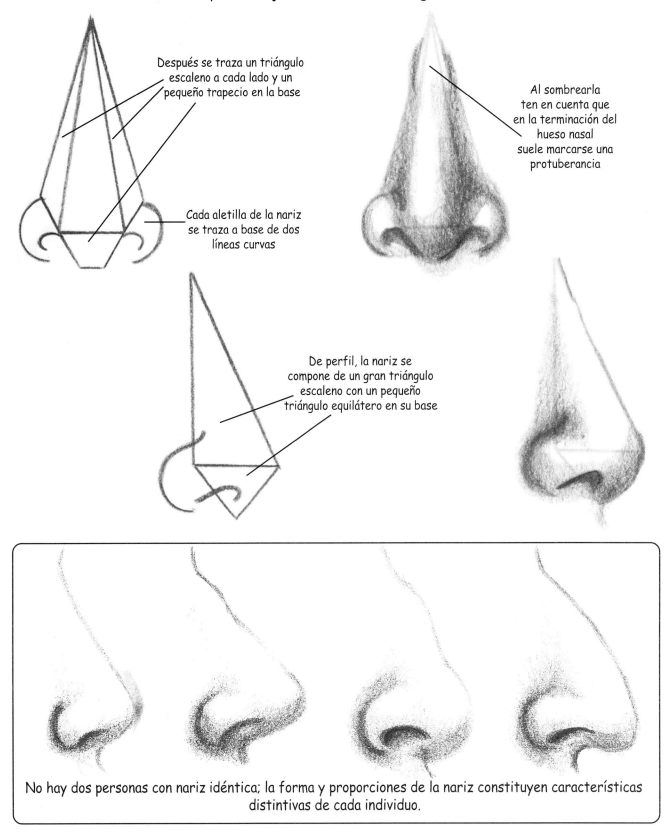

Después se traza un triángulo escaleno a cada lado y un pequeño trapecio en la base

Cada aletilla de la nariz se traza a base de dos líneas curvas

Al sombrearla ten en cuenta que en la terminación del hueso nasal suele marcarse una protuberancia

De perfil, la nariz se compone de un gran triángulo escaleno con un pequeño triángulo equilátero en su base

No hay dos personas con nariz idéntica; la forma y proporciones de la nariz constituyen características distintivas de cada individuo.

LAS OREJAS

Podría parecer que el dibujar orejas no es tan importante puesto que en muchas ocasiones aparecen cubiertas por el cabello, sin embargo, el no dibujarlas correctamente cuando es necesario puede arruinar tu dibujo.

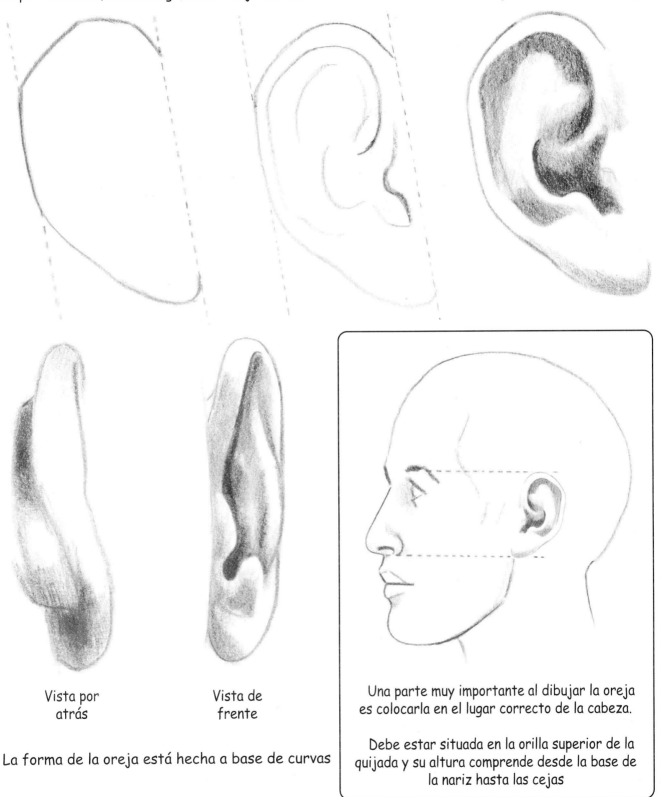

Vista por
atrás

Vista de
frente

La forma de la oreja está hecha a base de curvas

Una parte muy importante al dibujar la oreja es colocarla en el lugar correcto de la cabeza.

Debe estar situada en la orilla superior de la quijada y su altura comprende desde la base de la nariz hasta las cejas

LOS OJOS

Los ojos son simples formas esféricas colocadas en sus cavidades de modo que pueden girar en todas direcciones.

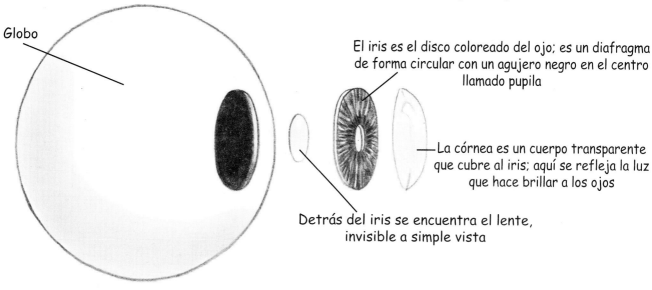

Globo

El iris es el disco coloreado del ojo; es un diafragma de forma circular con un agujero negro en el centro llamado pupila

La córnea es un cuerpo transparente que cubre al iris; aquí se refleja la luz que hace brillar a los ojos

Detrás del iris se encuentra el lente, invisible a simple vista

El sombreado del ojo es como el de una esfera, pero ésta es una esfera translúcida, es decir que la luz la atraviesa de la misma forma que a una canica agüita.

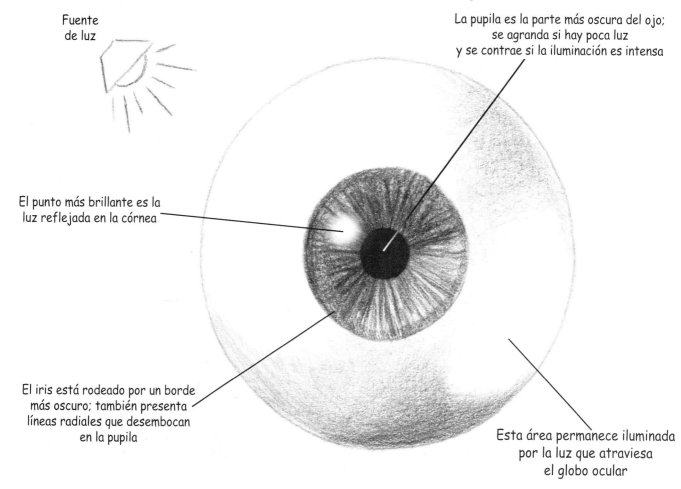

Fuente de luz

La pupila es la parte más oscura del ojo; se agranda si hay poca luz y se contrae si la iluminación es intensa

El punto más brillante es la luz reflejada en la córnea

El iris está rodeado por un borde más oscuro; también presenta líneas radiales que desembocan en la pupila

Esta área permanece iluminada por la luz que atraviesa el globo ocular

Los párpados son unas cortinas que cubren los ojos, el superior se mueve hacia arriba o hacia abajo abriendo y cerrando los ojos; el párpado inferior tiene poca movilidad

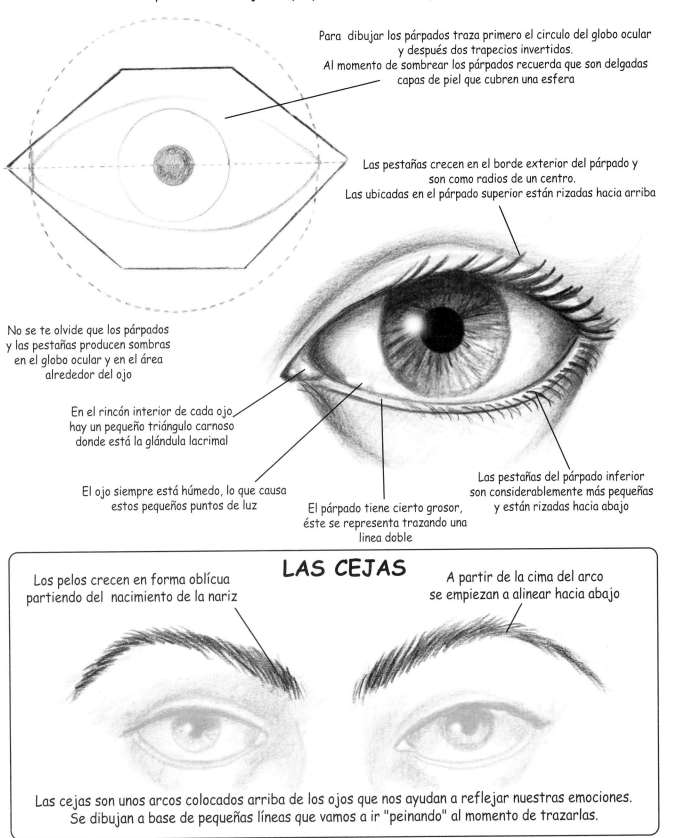

Para dibujar los párpados traza primero el circulo del globo ocular y después dos trapecios invertidos.
Al momento de sombrear los párpados recuerda que son delgadas capas de piel que cubren una esfera

Las pestañas crecen en el borde exterior del párpado y son como radios de un centro.
Las ubicadas en el párpado superior están rizadas hacia arriba

No se te olvide que los párpados y las pestañas producen sombras en el globo ocular y en el área alrededor del ojo

En el rincón interior de cada ojo hay un pequeño triángulo carnoso donde está la glándula lacrimal

El ojo siempre está húmedo, lo que causa estos pequeños puntos de luz

El párpado tiene cierto grosor, éste se representa trazando una linea doble

Las pestañas del párpado inferior son considerablemente más pequeñas y están rizadas hacia abajo

LAS CEJAS

Los pelos crecen en forma oblícua partiendo del nacimiento de la nariz

A partir de la cima del arco se empiezan a alinear hacia abajo

Las cejas son unos arcos colocados arriba de los ojos que nos ayudan a reflejar nuestras emociones. Se dibujan a base de pequeñas líneas que vamos a ir "peinando" al momento de trazarlas.

Ahora, poniendo en práctica lo aprendido hasta el momento, vamos a trazar cabezas en diferentes posiciones:

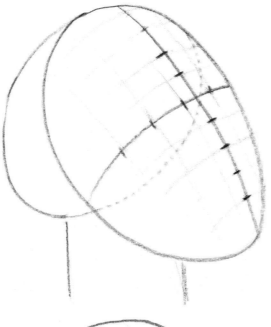

Primero trazamos nuestros dos óvalos y dividimos el que será el rostro en las partes pertinentes para marcar las proporciones.
Recuerda que ambos óvalos y las líneas divisorias deben seguir las leyes de la perspectiva.

Ahora ubicamos las formas geométricas básicas de ojos, cejas, nariz, boca y orejas.
También marcamos la depresión de la cavidad ocular y los salientes de la frente y el pómulo (situado a la mitad del camino entre el ojo y la base de la nariz).

No se te olvide que si la cabeza no está totalmente de frente, los rasgos aparecen en escorzo, de forma que las partes más alejadas de tu punto de vista deben verse mas pequeñas.

Para terminar, una vez decidida la ubicación de la fuente de luz, procede a trazar los detalles y a sombrear.

Recorta fotos de rostros en diferentes posiciones, y en una hoja de albanene colocada sobre ellas marca las líneas divisorias y las formas geométricas

Siguiendo los mismos pasos dibuja todos los rostros que se te ocurran desde diversos ángulos

La forma más sencilla de dibujar el cabello es por segmentos o mechones.

Una vez decidido el peinado que llevará nuestro dibujo, trabaja las zonas de sombra con trazos que sigan la forma del peinado dejando en blanco las áreas donde recibe luz intensa.

Observa que el cabello es más grueso en su base, así que empieza tu trazo desde el nacimiento del cabello y adelgázalo hacia la punta.

EXPRESIONES FACIALES

Los elementos del rostro que reflejan con mayor intensidad nuestras emociones son la boca, los ojos y las cejas.

ALEGRÍA

Las cejas se arquean hacia arriba

Se marcan con más intensidad las líneas de expresión que parten de las aletillas de la nariz a la comisura de los labios

Las comisuras de los labios se elevan haciendo que la boca forme una curva

Generalmente al estar de buen humor o riendo echamos la cabeza hacia atrás

CARCAJADA

Los ojos se cierran y apretamos los párpados

La boca debe estar bien abierta

ENOJO

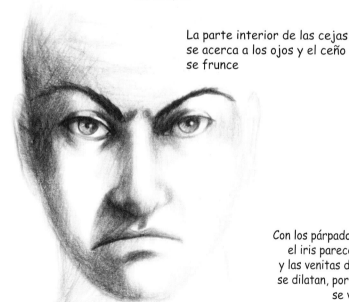

La parte interior de las cejas se acerca a los ojos y el ceño se frunce

las comisuras de los labios descienden

IRA

Con los párpados bien abiertos el iris parece más pequeño, y las venitas del globo ocular se dilatan, por lo que los ojos se ven enrojecidos

La boca entreabierta deja ver los dientes apretados

DOLOR

Las cejas se arquean hacia abajo, pero
el borde interior se eleva;
la frente debe estar muy arrugada

Los párpados se aprietan y el ceño se frunce

La boca semi-abierta y con la comisura de los labios
hacia abajo; se observan los dientes apretados.

TRISTEZA

Al estar tristes generalmente agachamos la cabeza

Las cejas se arquean hacia arriba, la frente se arruga
y los ojos permanecen semicerrados

Al aumentar el brillo de la parte
inferior del ojo parece que se
está al borde del llanto

MIEDO

Las cejas se arquean violentamente
hacia arriba, lo que hace que la
frente se arrugue

La comisura de los labios desciende

Los ojos y la boca deben estar
bien abiertos

Colocate frente al espejo cuaderno en mano, ponte serio y dibujate; despues haz todas las
expresiones que se te ocurran y observa las transformaciones que causan en tu rostro,
dibuja los resultados

TRANSFORMACIONES FACIALES

Una de las transformaciones inevitables que sufre nuestro rostro es la causada por la edad.

En los niños, la parte de atrás de la cabeza sobresale más, la frente es más grande y los ojos, nariz y boca están ubicados más abajo en relación con el rostro de un adulto.

Las cejas son más delgadas y las pestañas más largas

La nariz es más pequeña y respingada, lo que causa la impresión de que los ojos están más separados

El labio superior tiene más relieve, las mejillas son redondeadas y la barbilla está más retraída

Las orejas se ven más grandes en proporción al tamaño de la cabeza

En un rostro infantil casi no aparecen arrugas

Las cejas, la nariz y las orejas no dejan de crecer lentamente durante toda la vida

Al envejecer el cabello se vuelve escaso

En la frente comienzan a salir algunas manchas

los párpados están caídos y se forman bolsas debajo de los ojos

Las líneas de expresión en la frente y alrededor de boca y ojos se acentúan

Los músculos van perdiendo volúmen, por lo que los huesos de la sien, el pómulo y la barbilla comienzan a sobresalir

La piel va perdiendo elasticidad y cuelga la papada

Al perder los dientes, el espacio entre la barbilla y la nariz se compacta, los labios se adelgazan y se arrugan

Otras transformaciones que puede experimentar el rostro son causadas por el sobrepeso y la extrema delgadez.

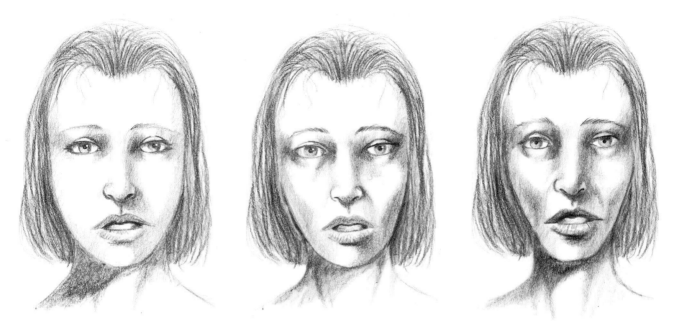

Al adelgazar, el cambio básico es que al disminuir el volumen de la carne, los huesos del cráneo se hacen más visibles; los ojos y la boca se ven más grandes.

A medida que el rostro va engordando, las mejillas van adquiriendo mayor tamaño, lo que hace que la boca y la nariz se vean más pequeños; el aumento de volumen también causa que los párpados inferiores se eleven, haciendo ver los ojos más chicos.
La carne de la papada también aumenta, llegando a cubrir el cuello; la piel se estira, disminuyendo las arrugas y aumentando el brillo.

EL RETRATO

El objetivo básico del retrato es, obviamente, que el dibujo se parezca a la persona que representa.

Para lograr este objetivo es muy necesario analizar la forma y proporciones del rostro de la persona a retratar.

El retrato es un arte exacto, ya que una línea trazada un poco más allá de lo debido puede arruinar el parecido con el modelo.

Además de los rasgos físicos, un buen retrato debe plasmar el carácter y la expresión del retratado.

Por eso, antes de empezar a dibujar estudia desde distintos ángulos el rostro de tu modelo hasta encontrar el que exhiba las características deseadas.

Una buena iluminación es de vital importancia; procura realizar el retrato en un lugar donde tu modelo esté iluminado por una sola fuente de luz, ésto le proporcionará luces y sombra intensas que ayudarán a definir los rasgos.

Observa con cuidado sus ojos y boca mientras habla o ríe; después cierra los ojos y trata de recordar y visualizar su forma y expresión.

No trates de embellecer tu dibujo disimulando algunos rasgos característicos, pues el parecido disminuirá, además de restarle personalidad al retrato.

Es cierto que para realizar retratos lo mejor es trabajar con un modelo real, pero una buena forma de empezar a practicar los retratos es copiando fotografías; de esta forma puedes tardarte todo el tiempo que necesites y tu modelo no se moverá.

Como el realizar un retrato es una labor que puede llevar bastante tiempo, asegúrate que tu modelo esté en una posición cómoda.
Tomen algunos descansos que servirán para que el modelo se relaje y para que tu puedas analizar el avance de la obra.

Siempre que puedas, checa tu dibujo frente a un espejo, te sorprenderás al ver como resaltan los errores al verlo en esta forma.

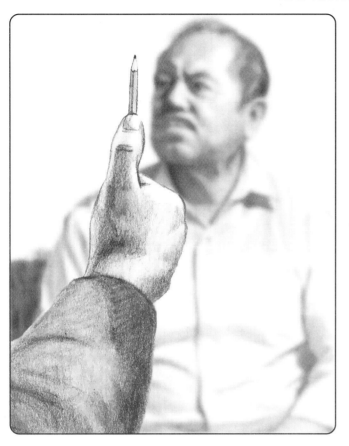

Una forma muy práctica para calcular las medidas y proporciones, no sólo del retrato sino de cualquier cosa que quieras dibujar es extender el brazo sujetando firmemente el lápiz.

Después, con un solo ojo abierto "mide" con el lápiz algún elemento que te pueda servir de referencia, como por ejemplo, la nariz del modelo.
Coloca tu dedo pulgar sobre el lápiz como marca para conservar esa medida

Ahora compara esa medida con los demás elementos del rostro, como la longitud de la boca, el ancho de la cara, la altura de las cejas, etc..

Sostener el lápiz de esa forma girando la muñeca también te ayudará a analizar las líneas rectas que conforman la estructura de tu modelo.

Si quieres lograr el efecto de que los ojos de tu dibujo "sigan" al espectador haz que tu modelo mire directamente a tus ojos mientras dibujas los suyos.

Ten presente que no existe una fórmula exacta para dibujar rostros porque no hay dos iguales.
Los consejos que aquí te hemos dado son para que dés los primeros pasos, el resto del camino depende de tu esfuerzo y el ir encontrando tu propio estilo para dibujar depende de tu dedicación y la práctica contínua.

Pide a tus amigos que posen para tí, pídeles que hagan cara de asombro, de tristeza o de alegría, observa con cuidado su rostro y al dibujarlos explícales los pasos que vas siguiendo para realizar su retrato; así, al repasar en voz alta cada parte de tu proceso creativo podrás darte cuenta más fácilmente de tus aciertos o errores.

TORSO Y CUELLO

Una vez que conocimos la estructura de la cabeza y los elementos que la componen, empezaremos a analizar el cuerpo.
Los músculos van cubriendo el esqueleto en capas sucesivas; aquí te mostraremos las capas superiores que son las que más influyen en la apariencia exterior.

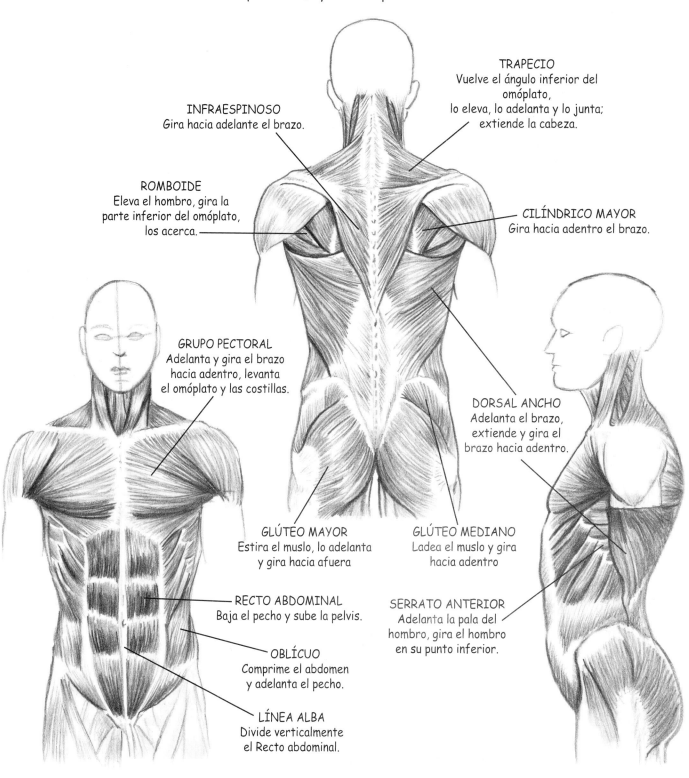

TRAPECIO
Vuelve el ángulo inferior del omóplato,
lo eleva, lo adelanta y lo junta;
extiende la cabeza.

INFRAESPINOSO
Gira hacia adelante el brazo.

ROMBOIDE
Eleva el hombro, gira la parte inferior del omóplato, los acerca.

CILÍNDRICO MAYOR
Gira hacia adentro el brazo.

GRUPO PECTORAL
Adelanta y gira el brazo hacia adentro, levanta el omóplato y las costillas.

DORSAL ANCHO
Adelanta el brazo, extiende y gira el brazo hacia adentro.

GLÚTEO MAYOR
Estira el muslo, lo adelanta y gira hacia afuera

GLÚTEO MEDIANO
Ladea el muslo y gira hacia adentro

RECTO ABDOMINAL
Baja el pecho y sube la pelvis.

SERRATO ANTERIOR
Adelanta la pala del hombro, gira el hombro en su punto inferior.

OBLÍCUO
Comprime el abdomen y adelanta el pecho.

LÍNEA ALBA
Divide verticalmente el Recto abdominal.

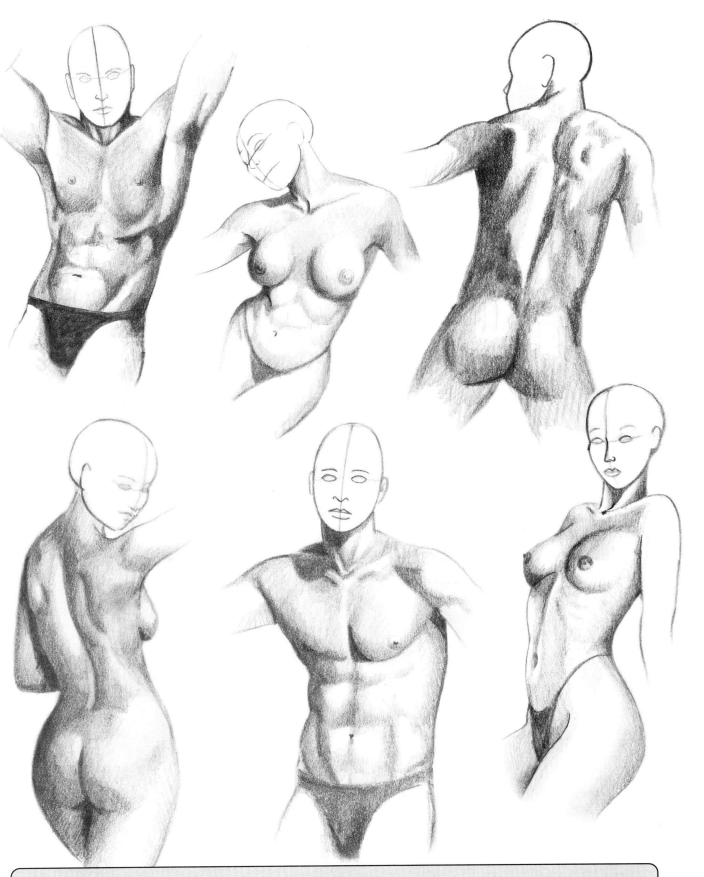

Los musculos son como un manojo de ligas; al estirarse y contraerse causan el movimiento de nuestro cuerpo.

MANOS Y BRAZOS

Las manos son nuestra herramienta principal de trabajo; por su gran movilidad son capaces de realizar multitud de acciones diversas, y por lo mismo la complejidad para dibujarlas es mayúscula.

Por esa razón, antes de aprender a dibujarlas es conveniente analizar su estructura.

Los dedos están formados por huesos cilíndricos llamados falanges, hay tres en cada dedo, a excepción del pulgar, que sólo tiene dos.

Las falanges se unen a otros huesos cilíndricos llamados metacarpios, que forman el cuerpo de la mano; en la zona donde se unen falanges y metacarpios se forman los nudillos.

Los metacarpios se unen a los huesos de la muñeca y estos al radio y el cúbito.

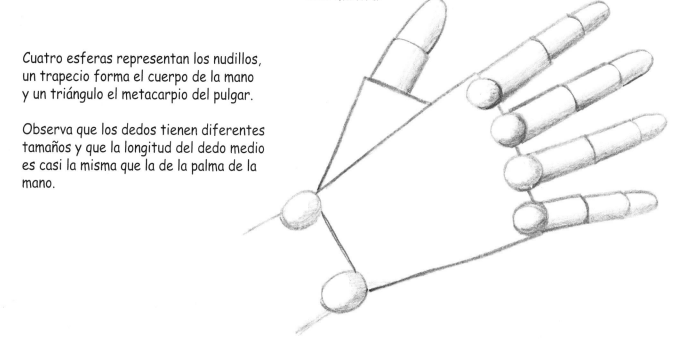

FALANGES

METACARPIOS

CARPO

Para dibujar correctamente una mano podemos aprovechar la forma cilíndrica de los dedos, dibujándolos de ésta manera:

Cuatro esferas representan los nudillos, un trapecio forma el cuerpo de la mano y un triángulo el metacarpio del pulgar.

Observa que los dedos tienen diferentes tamaños y que la longitud del dedo medio es casi la misma que la de la palma de la mano.

De ésta forma, y aplicando las leyes de la perspectiva podemos dibujar la estructura de la mano en cualquier posición que deseemos.

La mejor técnica para dominar el dibujo de manos es poner a posar una de tus manos mientras la dibujas con la otra.

Finalmente, sólo necesitamos recubrir nuestra estructura geométrica, fíjate muy bien en todos los detalles de tus manos y trata de plasmarlos en tus dibujos.

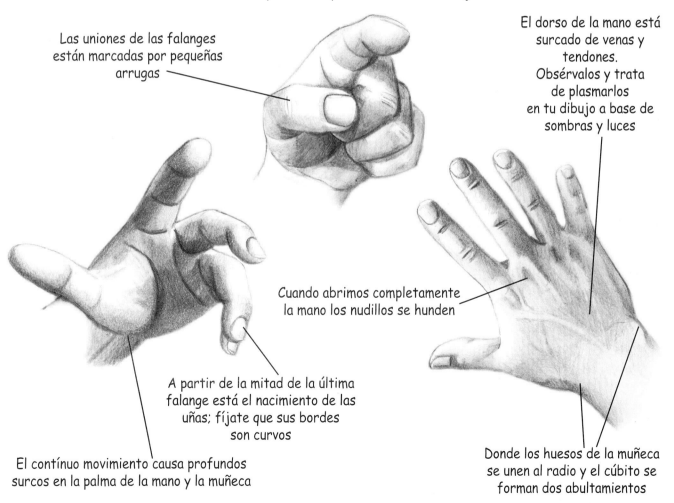

Las uniones de las falanges están marcadas por pequeñas arrugas

El dorso de la mano está surcado de venas y tendones.
Obsérvalos y trata de plasmarlos en tu dibujo a base de sombras y luces

Cuando abrimos completamente la mano los nudillos se hunden

A partir de la mitad de la última falange está el nacimiento de las uñas; fíjate que sus bordes son curvos

El contínuo movimiento causa profundos surcos en la palma de la mano y la muñeca

Donde los huesos de la muñeca se unen al radio y el cúbito se forman dos abultamientos

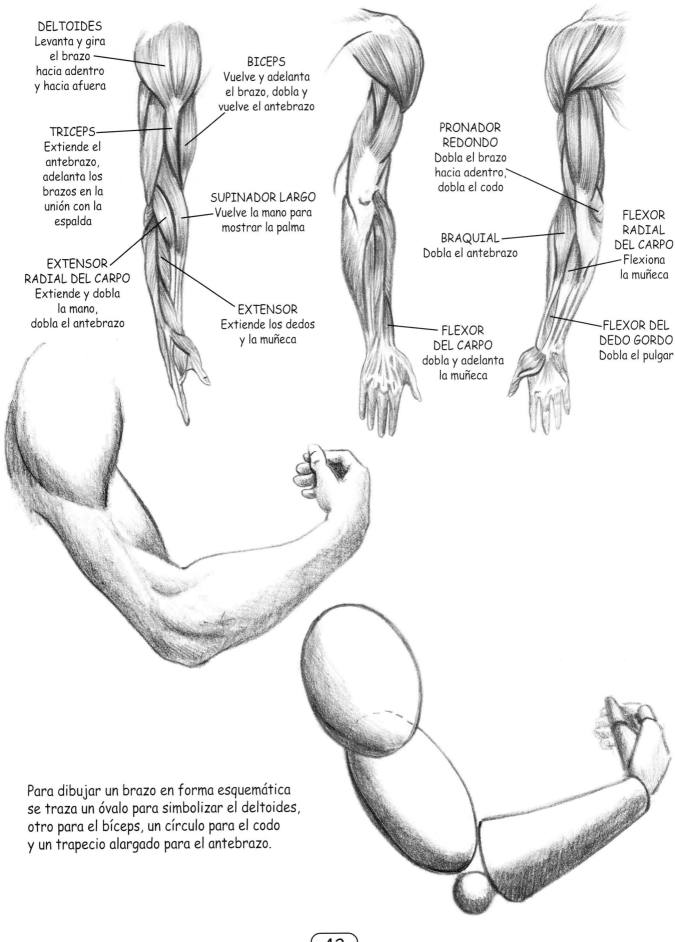

DELTOIDES
Levanta y gira
el brazo
hacia adentro
y hacia afuera

BICEPS
Vuelve y adelanta
el brazo, dobla y
vuelve el antebrazo

TRICEPS
Extiende el
antebrazo,
adelanta los
brazos en la
unión con la
espalda

SUPINADOR LARGO
Vuelve la mano para
mostrar la palma

EXTENSOR
RADIAL DEL CARPO
Extiende y dobla
la mano,
dobla el antebrazo

EXTENSOR
Extiende los dedos
y la muñeca

PRONADOR
REDONDO
Dobla el brazo
hacia adentro,
dobla el codo

BRAQUIAL
Dobla el antebrazo

FLEXOR
RADIAL
DEL CARPO
Flexiona
la muñeca

FLEXOR
DEL CARPO
dobla y adelanta
la muñeca

FLEXOR DEL
DEDO GORDO
Dobla el pulgar

Para dibujar un brazo en forma esquemática
se traza un óvalo para simbolizar el deltoides,
otro para el bíceps, un círculo para el codo
y un trapecio alargado para el antebrazo.

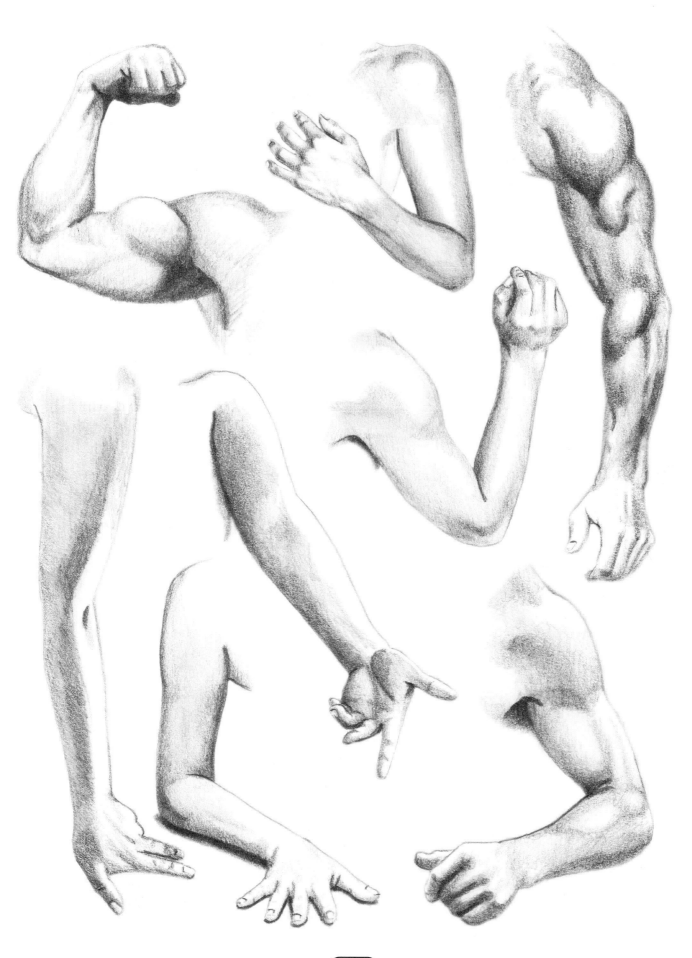

43

PIES Y PIERNAS

La estructura de los pies está constituída por una serie de arcos, los cuales hacen posible que el pie soporte todo nuestro peso y que podamos guardar el equilibrio mediante movimientos casi imperceptibles de los dedos.

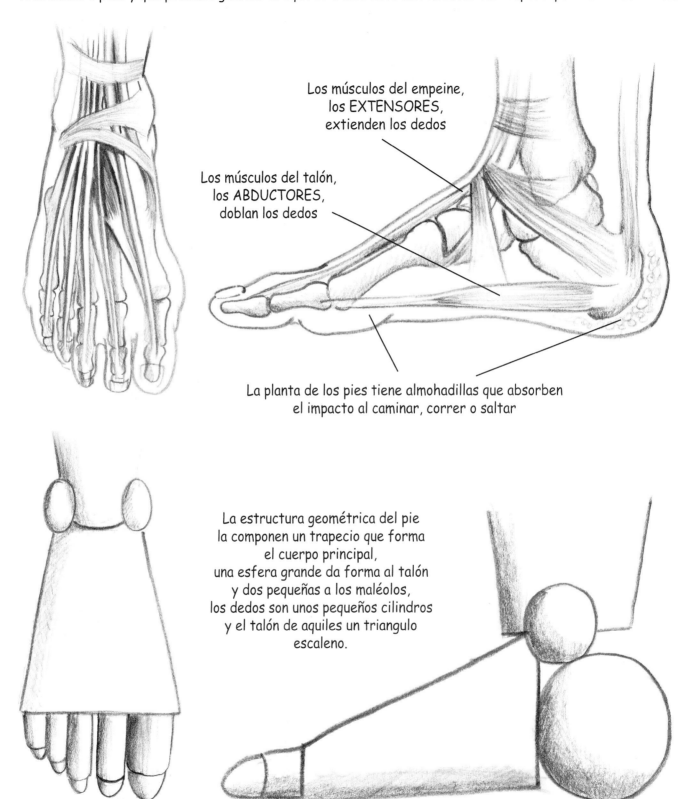

Los músculos del empeine, los EXTENSORES, extienden los dedos

Los músculos del talón, los ABDUCTORES, doblan los dedos

La planta de los pies tiene almohadillas que absorben el impacto al caminar, correr o saltar

La estructura geométrica del pie la componen un trapecio que forma el cuerpo principal, una esfera grande da forma al talón y dos pequeñas a los maléolos, los dedos son unos pequeños cilindros y el talón de aquiles un triangulo escaleno.

Al sombrear los pies no se te olvide
que están constituidos por arcos,
y que el volumen de los tendones
y pequeños huesos que lo componen
son más o menos visibles en la superficie
según el movimiento que se realice.

Cara exterior

Cara interior

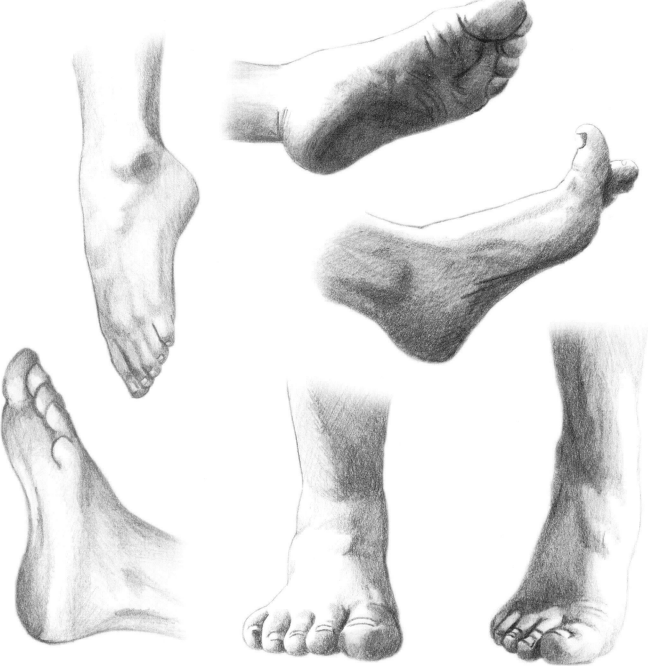

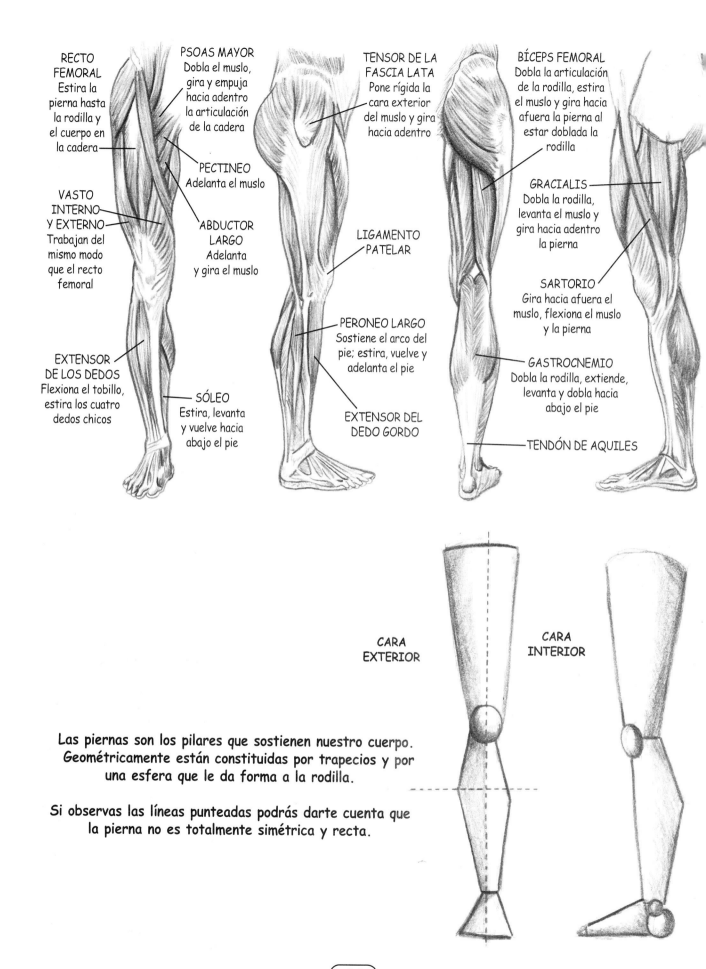

RECTO FEMORAL
Estira la pierna hasta la rodilla y el cuerpo en la cadera

PSOAS MAYOR
Dobla el muslo, gira y empuja hacia adentro la articulación de la cadera

TENSOR DE LA FASCIA LATA
Pone rígida la cara exterior del muslo y gira hacia adentro

BÍCEPS FEMORAL
Dobla la articulación de la rodilla, estira el muslo y gira hacia afuera la pierna al estar doblada la rodilla

PECTINEO
Adelanta el muslo

GRACIALIS
Dobla la rodilla, levanta el muslo y gira hacia adentro la pierna

VASTO INTERNO Y EXTERNO
Trabajan del mismo modo que el recto femoral

ABDUCTOR LARGO
Adelanta y gira el muslo

LIGAMENTO PATELAR

SARTORIO
Gira hacia afuera el muslo, flexiona el muslo y la pierna

PERONEO LARGO
Sostiene el arco del pie; estira, vuelve y adelanta el pie

GASTROCNEMIO
Dobla la rodilla, extiende, levanta y dobla hacia abajo el pie

EXTENSOR DE LOS DEDOS
Flexiona el tobillo, estira los cuatro dedos chicos

SÓLEO
Estira, levanta y vuelve hacia abajo el pie

EXTENSOR DEL DEDO GORDO

TENDÓN DE AQUILES

CARA EXTERIOR

CARA INTERIOR

Las piernas son los pilares que sostienen nuestro cuerpo. Geométricamente están constituidas por trapecios y por una esfera que le da forma a la rodilla.

Si observas las líneas punteadas podrás darte cuenta que la pierna no es totalmente simétrica y recta.

46

DIFERENCIAS FISICAS ENTRE LA MUJER Y EL HOMBRE

Las diferencias entre ambos sexos se pueden apreciar desde la estructura del esqueleto.

Aquí tenemos un par de esqueletos del mismo tamaño, uno es femenino y el otro masculino; observa las diferencias:

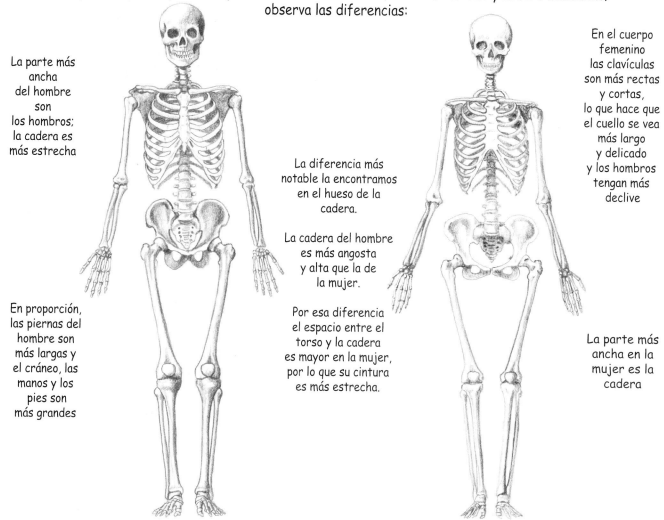

La parte más ancha del hombre son los hombros; la cadera es más estrecha

En proporción, las piernas del hombre son más largas y el cráneo, las manos y los pies son más grandes

La diferencia más notable la encontramos en el hueso de la cadera.

La cadera del hombre es más angosta y alta que la de la mujer.

Por esa diferencia el espacio entre el torso y la cadera es mayor en la mujer, por lo que su cintura es más estrecha.

En el cuerpo femenino las clavículas son más rectas y cortas, lo que hace que el cuello se vea más largo y delicado y los hombros tengan más declive

La parte más ancha en la mujer es la cadera

MASCULINO

FEMENINO

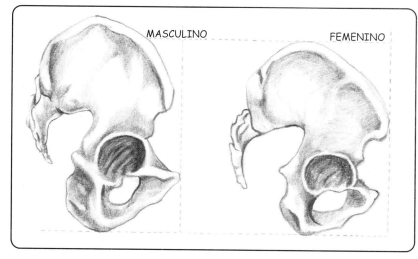

MASCULINO

FEMENINO

La cadera vista de perfil muestra que el hueso femenino está más inclinado hacia adelante y el hueso sacro es más sobresaliente

Una vez recubiertos con músculos y piel, las diferencias se hacen más visibles.

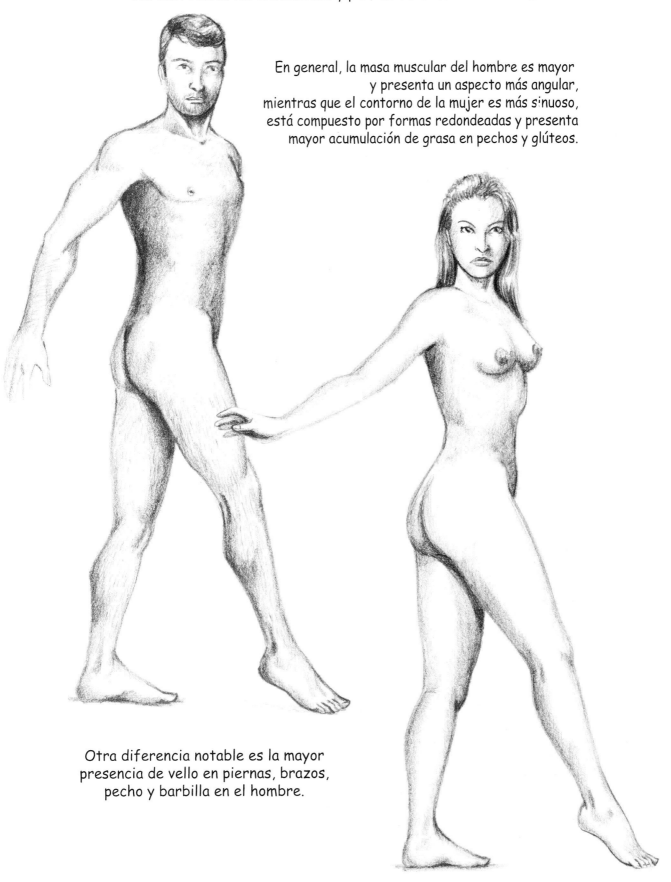

En general, la masa muscular del hombre es mayor y presenta un aspecto más angular, mientras que el contorno de la mujer es más sinuoso, está compuesto por formas redondeadas y presenta mayor acumulación de grasa en pechos y glúteos.

Otra diferencia notable es la mayor presencia de vello en piernas, brazos, pecho y barbilla en el hombre.

TRANSFORMACIONES CORPORALES

La transformación inevitable en el cuerpo humano está causada por el paso de los años.

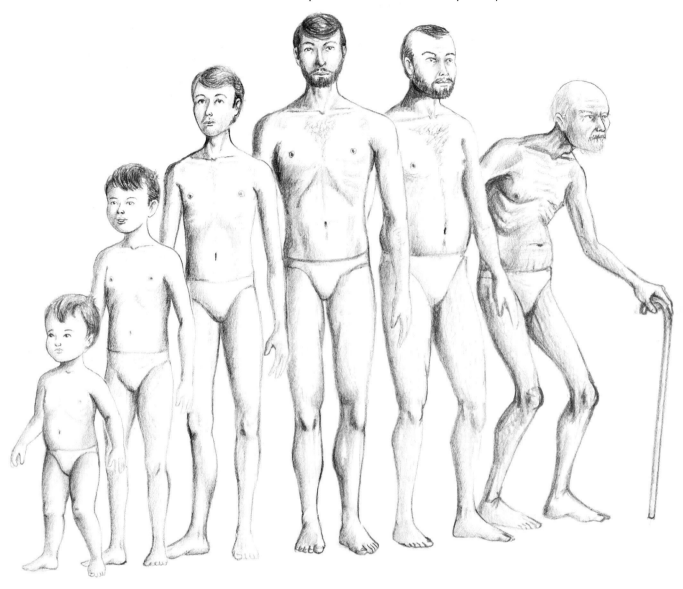

En relación con las demás partes del cuerpo, la cabeza experimenta poco aumento de tamaño; por eso, entre menos edad tenga un individuo, la cabeza es más grande en proporción al cuerpo.
Por ejemplo, un bebé tiene una proporción de tan solo 31/2 cabezas.
Al ir creciendo, los brazos, las piernas y los dedos se van alargando; un niño de tres años tiene la mitad de la altura de un adulto, y a los diez años ya tiene las 3/4 partes.

A los 25 años el ser humano alcanza la plenitud física, a partir de allí empieza el inevitable deterioro:
La columna vertebral se va doblando, lo que hace que la figura se encorve, el abdomen aumenta su volumen y el resto del cuerpo lo reduce.
Hay una disminución de estatura porque los cartílagos que hay entre los huesos se encogen; las articulaciones se ven más nudosas.

Las transformaciones corporales también pueden ser causadas por la acumulación o disminución de grasa y/o masa muscular.

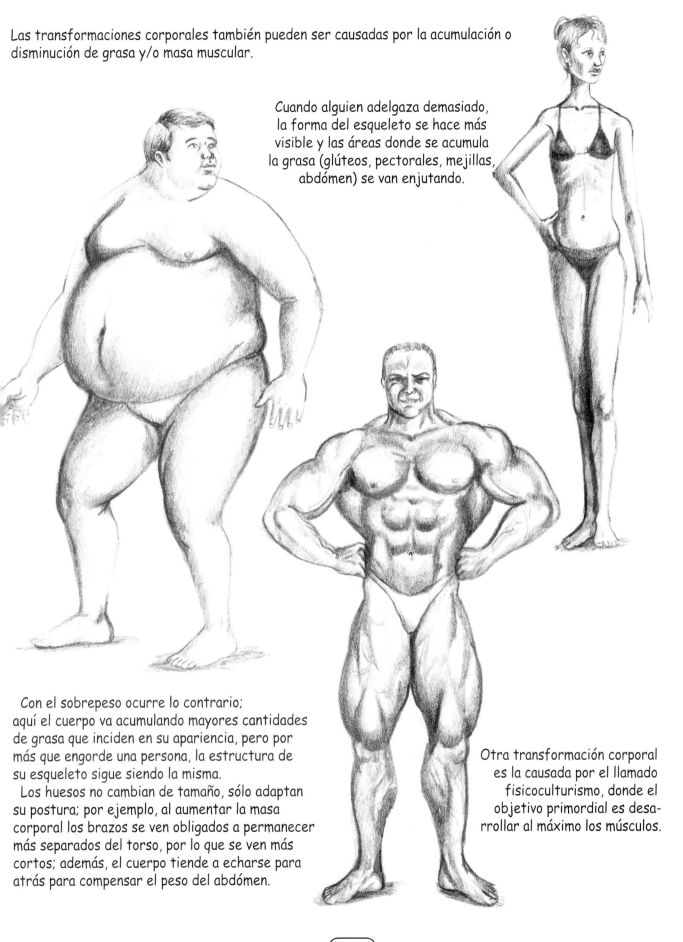

Cuando alguien adelgaza demasiado, la forma del esqueleto se hace más visible y las áreas donde se acumula la grasa (glúteos, pectorales, mejillas, abdómen) se van enjutando.

Con el sobrepeso ocurre lo contrario; aquí el cuerpo va acumulando mayores cantidades de grasa que inciden en su apariencia, pero por más que engorde una persona, la estructura de su esqueleto sigue siendo la misma.

Los huesos no cambian de tamaño, sólo adaptan su postura; por ejemplo, al aumentar la masa corporal los brazos se ven obligados a permanecer más separados del torso, por lo que se ven más cortos; además, el cuerpo tiende a echarse para atrás para compensar el peso del abdómen.

Otra transformación corporal es la causada por el llamado fisicoculturismo, donde el objetivo primordial es desarrollar al máximo los músculos.

EXPRESIONES CORPORALES

Al igual que el rostro, el cuerpo también refleja nuestras emociones mediante posturas diversas.

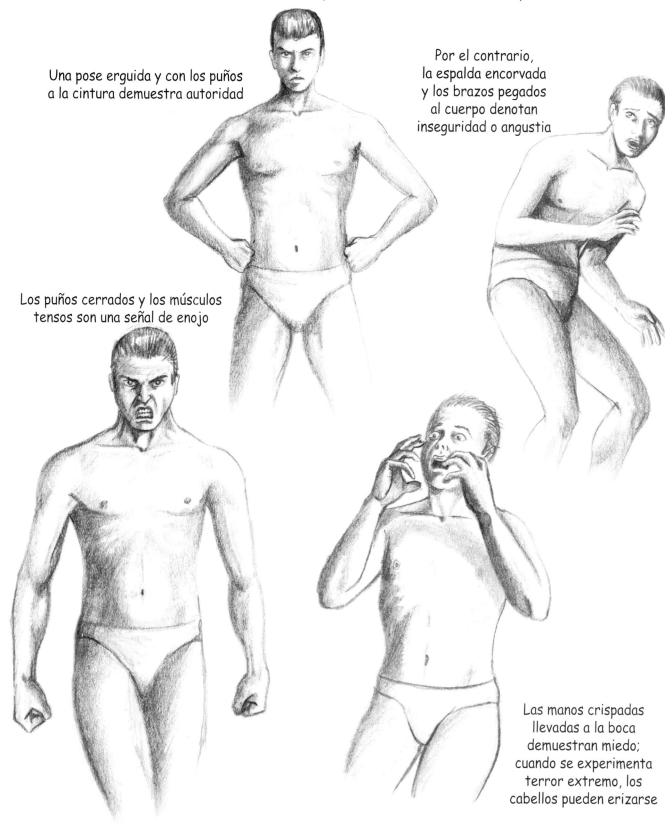

Una pose erguida y con los puños a la cintura demuestra autoridad

Por el contrario, la espalda encorvada y los brazos pegados al cuerpo denotan inseguridad o angustia

Los puños cerrados y los músculos tensos son una señal de enojo

Las manos crispadas llevadas a la boca demuestran miedo; cuando se experimenta terror extremo, los cabellos pueden erizarse

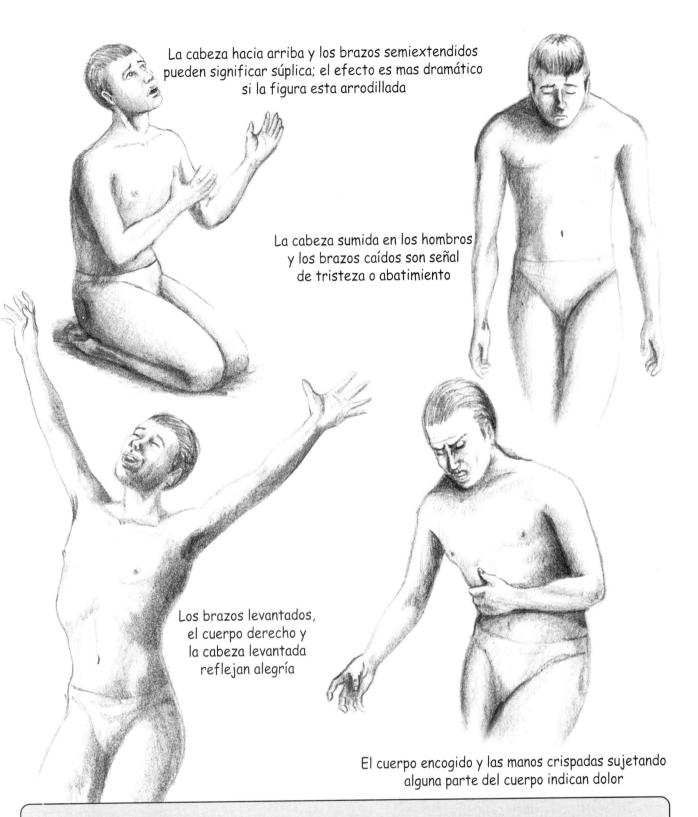

La cabeza hacia arriba y los brazos semiextendidos pueden significar súplica; el efecto es mas dramático si la figura esta arrodillada

La cabeza sumida en los hombros y los brazos caídos son señal de tristeza o abatimiento

Los brazos levantados, el cuerpo derecho y la cabeza levantada reflejan alegría

El cuerpo encogido y las manos crispadas sujetando alguna parte del cuerpo indican dolor

Observa con cuidado a la gente que te rodea y trata de descubrir su estado de ánimo de acuerdo a su expresión corporal.
Cuando tengas la oportunidad de ver actuar algún mimo, trata de realizar la mayor cantidad de bocetos de su actuación, ya que ésta forma de arte se basa precisamente en la exageración de la expresión corporal.

MOVIMIENTO

Ya hemos visto los diferentes elementos que conforman la estructura del cuerpo humano y las proporciones que guardan entre ellos.

Ahora es el momento de poner esos cuerpos en acción, y para ello necesitamos comprender las normas que rigen el movimiento y el equilibrio.

En primer lugar vamos a esquematizar el cuerpo humano representando solamente sus caracteres más significativos

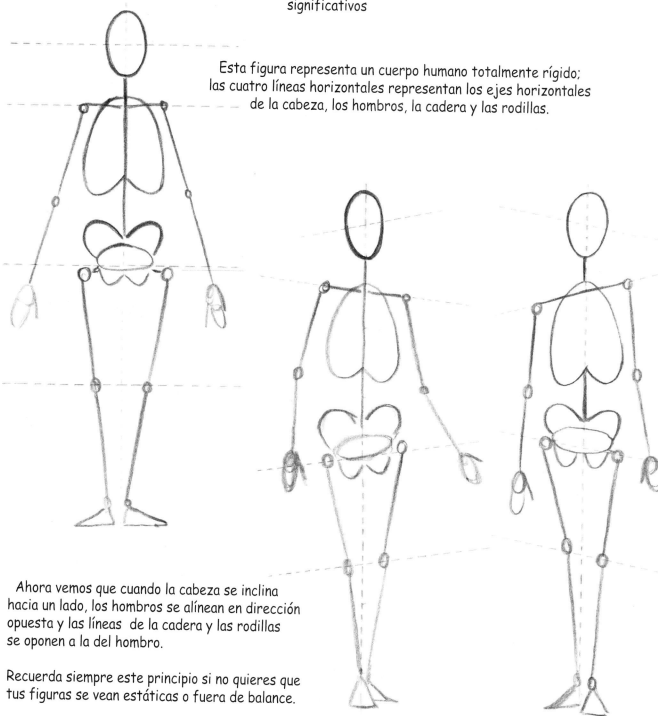

Esta figura representa un cuerpo humano totalmente rígido; las cuatro líneas horizontales representan los ejes horizontales de la cabeza, los hombros, la cadera y las rodillas.

Ahora vemos que cuando la cabeza se inclina hacia un lado, los hombros se alínean en dirección opuesta y las líneas de la cadera y las rodillas se oponen a la del hombro.

Recuerda siempre este principio si no quieres que tus figuras se vean estáticas o fuera de balance.

Basándote en la estructura simple que acabamos de trazar, dibuja cuerpos en todas las posiciones que te puedas imaginar; ten mucho cuidado en que las proporciones sean correctas.

EQUILIBRIO

Un punto importante para dibujar bien el cuerpo humano es proporcionarle un correcto equilibrio, ésto es necesario para que la posición en que dibujas a tus figuras refleje lo que quieres expresar, es decir, que realmente parezca que están caminando, corriendo o en una posición descansada sin que den la impresión de que se van a caer, y que se vea que perdieron el equilibrio cuando así lo deseas representar.

Lo primero que tienes que tomar en cuenta para lograr ésto es que, en el ser humano, el punto de equilibrio se localiza exactamente en el ombilgo.

Sin importar que tan común o extravagante sea la postura, al extender una línea perpendicular desde el punto de equilibrio hacia el suelo, ésta debe llegar a un punto de apoyo o en medio de dos.

Si donde la línea perpendicular toca el suelo la figura no tiene ningún punto de apoyo, se tiene la impresión de que ésta va a caer.

Si a partir de la vertical que indica el punto de equilibrio determinado peso del cuerpo se desplaza hacia un lado, tenemos que compensar el otro lado con la cabeza, los brazos, la cadera o las piernas

La cabeza es, proporcionalmente a su tamaño, la parte mas pesada del cuerpo.
Debes considerar ésto al buscar el equilibrio en tu figura

Cuando el cuerpo tiene un tercer punto de apoyo, éste actúa conjuntamente con los demás para mantener la figura en equilibrio

Para que resulte claro el concepto del equilibrio, aquí te presentamos ejemplos con poses exageradas, pero las mismas reglas son válidas para todas las acciones en la vida cotidiana.

VESTIMENTA

La ropa es, simplemente, una serie de trozos de tela o cuero cosidos de forma tal que se amoldan al cuerpo humano para cubrirlo; sin embargo es indudable que la forma de vestir puede reflejar en gran medida la personalidad de quien la porta, como podrás apreciar en los siguientes ejemplos:

Observa que de acuerdo al diseño de la ropa, la espalda puede parecer más ancha, las piernas más largas, la cintura más estrecha, etc .

El aspecto más interesante a tomarse en cuenta para dibujar la ropa son los pliegues que se forman de acuerdo a la holgura de la tela y los constantes dobleces en las zonas de las articulaciones
(Codos, rodillas y tobillos)

MANOS A LA OBRA

Ahora vamos a poner en práctica todo lo aprendido hasta el momento realizando paso a paso una composición con varios personajes.
Antes de empezar procura tener una idea clara de la escena que vas a dibujar, cuántos personajes van a participar en ella y cómo van a estar distribuidos en tu área de trabajo.
Realiza todos estos pasos con trazos muy tenues para que puedas borrarlos con facilidad al momento de terminar tu dibujo.

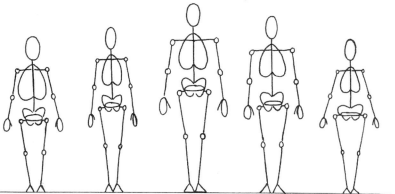

Primero dibuja los esquemas de tus figuras; en estos "esqueletitos" ya se deben apreciar las proporciones y el género de cada personaje.

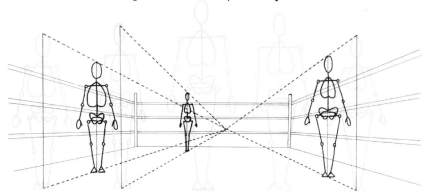

El siguiente paso es acomodar a cada uno de ellos en el lugar que le corresponde.
Mediante las reglas de la perspectiva podemos alejar o acercar a los personajes sin que pierdan la proporción entre sí.

Vamos a poner en acción a estas personas; para esto imagina cuál es la personalidad de cada una de ellas, cuál debe ser su actitud y complexión y en base a eso acomódalos en su postura correspondiente.
Para esto te serán de mucha utilidad todos los bocetos que hayas realizado de gente en actividades diversas.

A continuación recubrimos los esqueletos en base a las figuras geométricas que le corresponden a cada parte del cuerpo y añadimos los escorzos necesarios.

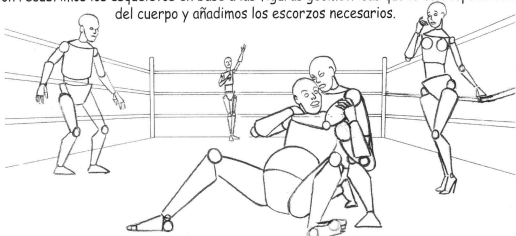

En seguida vamos suavizando las formas geométricas para darle el acabado realista; definimos las expresiones de los rostros, decidimos cuál será la fuente (o fuentes) de luz y empezamos a esbozar las sombras.

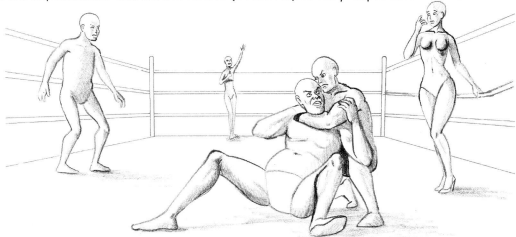

Y finalmente añadimos el cabello y ropa, repasamos las líneas definitivas, terminamos de sombrear, firmamos nuestro dibujo y escribimos la fecha de realización.

Como hemos repetido muchas veces a lo largo de este libro, mediante la práctica contínua podrás, poco a poco, irte saltando algunos pasos para ir directamente al resultado final, al tiempo que vas desarrollando tu propio estilo de dibujo.

DIVERSOS CAMINOS A SEGUIR

Una vez conocidos los conceptos básicos del dibujo, puedes aplicar éstos en el campo que más te agrade, como puede ser la caricatura, el cómic, la fantasía heróica o el manga.

A continuación vamos a adentrarnos en cada una de esas áreas para que conozcas sus características.

HACIENDO CARICATURAS

La caricatura (del italiano "Caricare", que significa recargar) es una forma distorsionada y graciosa de representar la realidad. Seguramente tuvo sus inicios en el pasatiempo que tanto nos gusta de hacer bromas y burlarnos de los demás. Ya por el año de 1700 se hacían caricaturas de los monarcas, nobles y personajes públicos de la época.

Caricatura francesa-1790   Honoré Daumier-1833   Wilhelm Busch-1865   Maxfield Parrish-1924   Caricatura inglesa-1941

Aquí puedes ver el trabajo de algunos de los caricaturistas con mayor renombre a nivel mundial:

Fontanarrosa
F. Ibañez
Trino
Robert Crumb
Chic Young
Sergio Aragonés
Serge Clerc
Schulz
Will Eisner
Max Fleischer
Gabriel Vargas
Mordillo
Quino
Uderzo
Hergé
Rius
Kim Grove

Como podrás notar, hay infinidad de formas y estilos de dibujar caricaturas, desde las más elaboradas hasta las más sencillas, pero es importante saber que una buena caricatura, por más simple que se vea, lleva tras de sí un amplio dominio del dibujo del cuerpo humano.

CARICATURAS DE PERSONAS REALES

Para caricaturizar a una persona, básicamente hay que descubrir sus rasgos esenciales, lo esencial es aquello que hace diferente a un ser humano de otro.

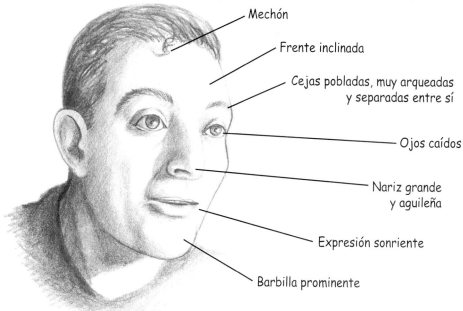

Mechón

Frente inclinada

Cejas pobladas, muy arqueadas y separadas entre sí

Ojos caídos

Nariz grande y aguileña

Expresión sonriente

Barbilla prominente

Una vez identificados esos rasgos, trata de exagerarlos lo más posible, sin llegar al punto en que tu dibujo deje de parecerse a la persona real.

Piensa en algún amigo o pariente y trata de recordar cuáles son sus características especiales y dibuja su caricatura.
Después muéstrala a otras personas que lo conozcan a ver si lo identifican. Pídeles sugerencias para que la caricatura quede mejor.

Las características esenciales de una persona no se limitan al rostro o al cuerpo; hay otras características particulares, como sus muecas, su forma de moverse o de comportarse en determinada situación; también puede formar parte de su caricatura su manera de vestir, el ambiente que lo rodea o su tipo de trabajo.
Una caricatura debe ser graciosa y sencilla, evita saturarla con detalles que distraigan al espectador.

CARLOS MONSIVÁIS
por Naranjo

FIDEL CASTRO
por El Fisgón

TIN TAN
por Gonzalo
Becerra

CHESPIRITO
por Efrén

MARLON BRANDO
por Roger
Landgridge

Casi siempre los personajes de caricatura tienen proporciones infantiles, (la cabeza más grande en relación con el cuerpo).

FIDEL VELÁZQUEZ
por José Hernández

ALBERT EINSTEIN
por Rictus

TONGOLELE
archivo de La Jornada

Una forma de hacer tu caricatura mas chusca es dibujar a tu personaje en una situación totalmente opuesta a la que se esperaría de la persona real.

DIFERENTES ESTILOS DE CARICATURA

Aquí verás algunos ejemplos de cómo se han caricaturizado a dos personajes importantes en la historia de México; como podrás observar, a pesar de las notables diferencias de estilo, todas son excelentes caricaturas.

PORFIRIO DÍAZ

Revista Sucesos ilustrados

Carreón

Revista
El hijo del Ahuizote

Revista Multicolor

Magú

Rocha

Rafael Lillo

Tacho

Revista El hijo del Ahuizote

Revista El hijo del Ahuizote

FRANCISCO I. MADERO

García Cabral

Magú

Revista
El Chahuistle

Rafael Lillo

Rocha

Revista
Ojo Parado

Revista La Sátira

Carlos Alcalde

LAS CALAVERAS

José Guadalupe Posada

Ésta es una tradición importante en México, consiste en caricaturizar en forma de calaca a alguna personalidad y dedicarle versos satíricos.

Luis Fernando

Revista Multicolor

CREANDO PERSONAJES DE CARICATURA

Vamos a realizar un ejercicio muy sencillo:
Dibuja puntos, guiones y palomas agrupados de cuatro en cuatro y ordenadas de la siguiente forma:

Encierra cada conjunto dentro de círculos u óvalos; verás que, de esta forma tan sencilla, hemos creado tres rostros en caricatura.

Repite el ejercicio combinando al azar puntos, guiones, palomas, círculos y óvalos; hazlo con trazos sueltos.

Podrás notar que, aunque están hechos de forma muy simple, cada rostro tiene una expresión diferente. Se puede notar si estos "personajes" están contentos, tristes, enojados o preocupados. Analiza la relación entre el acomodo y forma de los trazos con el estado de ánimo que refleja.

Ahora vamos a hacer más rostros, pero ésta vez tratando que el personaje muestre exactamente la emoción que nosotros queremos. Si así lo deseas puedes añadir dos líneas más simulando las cejas.

Una buena caricatura no necesariamente está hecha con trazos complicados, lo realmente importante es la forma en que tu personaje expresa sus emociones.

A continuación vamos a dibujar rostros más elaborados pero sin que pierdan la expresividad.
Muchas veces la mejor forma de crear personajes interesantes y divertidos es dejando a tu mano trabajar libremente, sin pensar demasiado en los trazos que vas a hacer.

Primero dibuja un trazo circular; entre más chueco te salga, tu personaje puede ser más simpático.

Ahora traza la forma geométrica que desees para representar la nariz; para hacer los ojos puedes utilizar círculos, óvalos o rayas.

Completa tu caricatura con líneas que simbolicen la boca, orejas, cejas y tal vez algunas arrugas.

Repite una y otra vez este ejercicio, mezclando diferentes formas geométricas, variando su colocación dentro del espacio y la distancia entre ellas. Verás en poco tiempo la inmensa cantidad de personajes graciosos que vas creando sin esfuerzo alguno.

Entre todos los rostros que vayas creando elige el que más te guste, coloca una hoja de albanene sobre él y vé dibujándole diversas expresiones. Aquí te mostramos una muy pequeña muestra de la infinidad de expresiones que puedes darle a tu personaje; como siempre, la experimentación continua te llevará a los resultados que más te agraden.

PROPORCIONES EN LA CARICATURA

Ya conocemos las proporciones del cuerpo humano en el mundo real, ahora veremos que en el mundo de la caricatura estas proporciones pueden ser alteradas drásticamente.
Por ejemplo:

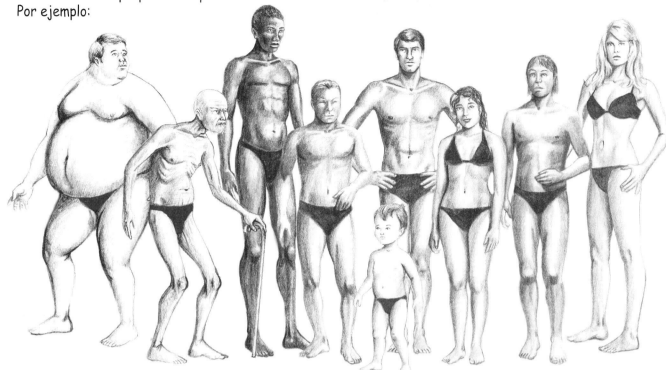

Aquí puedes ver nuevamente que la esencia de la caricatura es saber distinguir los elementos básicos en la figura y exagerarlos.

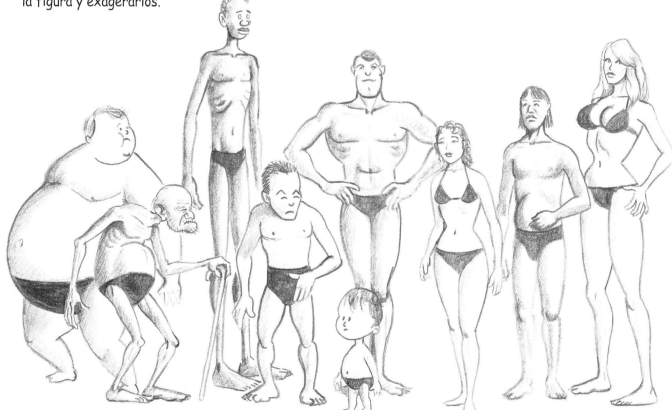

Podemos hacer una gran variedad de cuerpos de caricatura de la misma forma en que hicimos los rostros; es decir, combinando con trazo suelto formas geométricas de diversos tamaños.

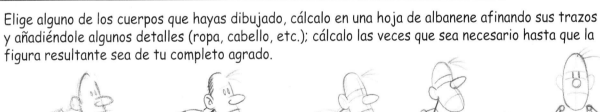

Elige alguno de los cuerpos que hayas dibujado, cálcalo en una hoja de albanene afinando sus trazos y añadiéndole algunos detalles (ropa, cabello, etc.); cálcalo las veces que sea necesario hasta que la figura resultante sea de tu completo agrado.

Después, traza su "esqueleto" y utilízalo como base para poder dibujarlo desde diversos ángulos y poses.

EL PERSONAJE EN ACCIÓN

Para resaltar la expresividad de tus personajes y hacerlos más graciosos hay que exagerar también sus movimientos y sus reacciones ante determinada circunstancia.

LAS MANOS

Después del rostro, son la parte más expresiva y llamativa de la caricatura; por eso, y al igual que lo hacen los mimos, para que sus movimientos llamen más la atención varios personajes clásicos utilizan guantes blancos.

Es común que en las caricaturas las manos sólo tengan cuatro dedos; ésto nos dá la posibilidad de ensancharlas más sin que se agranden demasiado, y así podemos lograr que se expresen mejor.

También es muy útil visualizar los dedos como si fueran de goma, eso provoca un efecto de flexibilidad muy agradable.

SÍMBOLOS DE REPRESENTACIÓN

Son condimentos muy necesarios para reforzar el efecto deseado en tu caricatura, y están compuestos por dibujos y líneas que, por asociación, los relacionamos con elementos del mundo real; forman una iconografía reconocible por la mayoría de los espectadores. Por ejemplo:

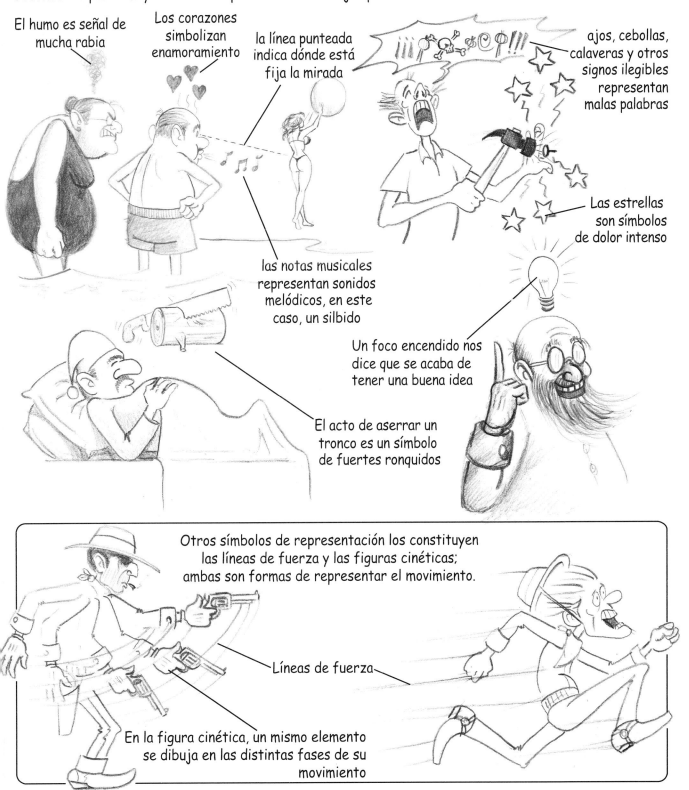

El humo es señal de mucha rabia

Los corazones simbolizan enamoramiento

la línea punteada indica dónde está fija la mirada

ajos, cebollas, calaveras y otros signos ilegibles representan malas palabras

Las estrellas son símbolos de dolor intenso

las notas musicales representan sonidos melódicos, en este caso, un silbido

Un foco encendido nos dice que se acaba de tener una buena idea

El acto de aserrar un tronco es un símbolo de fuertes ronquidos

Otros símbolos de representación los constituyen las líneas de fuerza y las figuras cinéticas; ambas son formas de representar el movimiento.

Líneas de fuerza

En la figura cinética, un mismo elemento se dibuja en las distintas fases de su movimiento

LA TIRA CÓMICA

La tira cómica es la narración gráfica de una situación graciosa; esta situación está narrada mediante cuadros llamados viñetas.

La viñeta es la unidad narrativa de la tira cómica; la sucesión de viñetas determina el paso del tiempo y ubica en un espacio los detalles importantes del relato.

El orden que deben llevar las viñetas es de suma importancia, pues de él depende la comprensión de la historia; la forma de acomodarlas debe ser congruente con la forma de lectura, es decir, de izquierda a derecha.

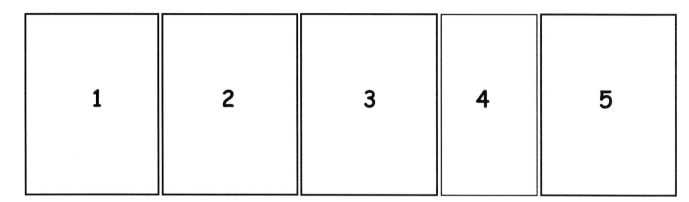

Es importante que antes de empezar a dibujar planees el GAG (Situación humorística); éste debe poder ser contado en pocos cuadros, porque una tira cómica por lo general tiene sólamente de tres a cinco viñetas. Procura utilizar pocos personajes y que los elementos del fondo sean muy sencillos; cuando un personaje o fondo no cambie de una viñeta a otra, puedes calcarlos para facilitarte el trabajo.

Cuando empieces a trazar ten en cuenta que además del dibujo, en una tira cómica existen otros elementos que son los globos, onomatopeyas y símbolos, planea con anticipación el espacio que ocupará cada uno de ellos.

Además del trazo de los personajes y el fondo, no se te olvide incluir, donde sean necesarios, las líneas de fuerza y los símbolos de representación (en este caso las estrellas)

ONOMATOPEYAS

Las onomatopeyas son la forma escrita de representar el sonido.
Para representar sonidos apagados se utiliza tipografía pequeña, y viceversa; mientras más grande sea la onomatopeya ésta representa un sonido más estruendoso.

GLOBOS DE TEXTO

El globo se compone de dos partes: el CUERPO que es el espacio en blanco donde se escriben los textos, y el DELTA, que es el apéndice que indica la procedencia del globo, es decir, señala al personaje que dijo el comentario. Los globos de texto pueden ser de diferentes estilos:

Trazado con línea continua significa una charla normal

Con los bordes del globo hechos con picos se representan los gritos

En forma de rectángulo y sin delta son comentarios del narrador

Hecho con líneas punteadas simboliza algo dicho en secreto

En forma de nube y con el delta en forma de círculos significa que el contenido sólamente se piensa.

Y por último, aquí tenemos la tira cómica totalmente terminada, con todos sus elementos incluídos.

DIBUJANDO CÓMICS

Los primeros cómics surgieron como tiras cómicas en los periódicos estadounidenses y europeos a finales del siglo XIX; en esas épocas todos los personajes eran caricaturas graciosas.
Fue hasta 1929 cuando aparecieron los primeros personajes de trazo realista y con temáticas orientadas a la aventura y la ficción, los cuales pronto se colocaron en la preferencia del público, especialmente los seres misteriosos con poderes especiales y coloridos disfraces llamados superhéroes.

En estas páginas podrás ver la forma en que ha variado el estilo de dibujar a algunos de los héroes más famosos del cómic en sus siete décadas de historia:

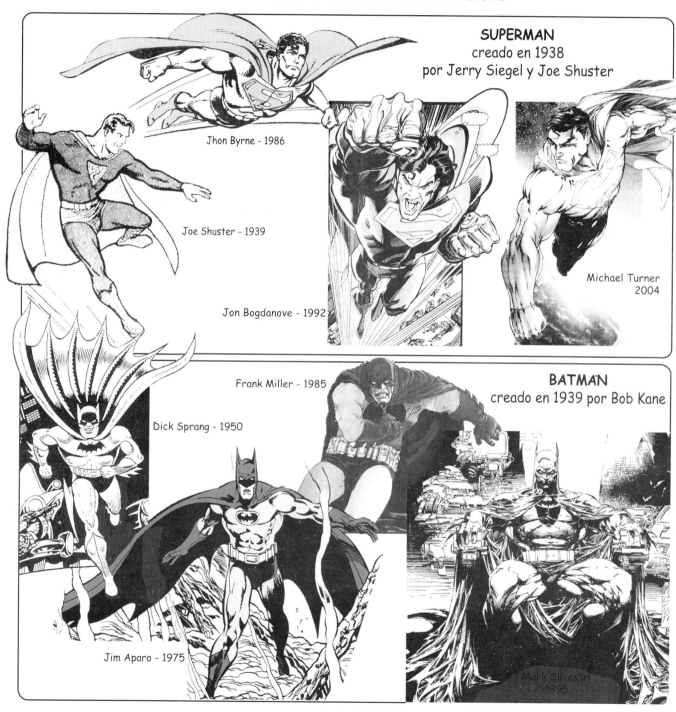

SUPERMAN
creado en 1938
por Jerry Siegel y Joe Shuster

Jhon Byrne - 1986

Joe Shuster - 1939

Jon Bogdanove - 1992

Michael Turner 2004

Frank Miller - 1985

Dick Sprang - 1950

BATMAN
creado en 1939 por Bob Kane

Jim Aparo - 1975

Mark Silvestri 1995

WONDER WOMAN
creada en 1941
por William Moulton

Ross Andru
1960

George Pérez
1988

Adam Huges
2001

Jim Lee - 2004

Harry Peter - 1942

SPIDERMAN
creado en 1963 por Stan Lee y Steve Ditko

Jhon Romita - 1985

Todd McFarlane
1990

Steve Ditko - 1964

Mark Brooks - 2004

HULK
creado en 1962 por
Stan Lee y Jack Kirby

Jack Kirby
1962

Mike Deodato
2003

Sal Buscema
1980

Tim Sale
2000

ANATOMÍA DE LOS SUPERHÉROES

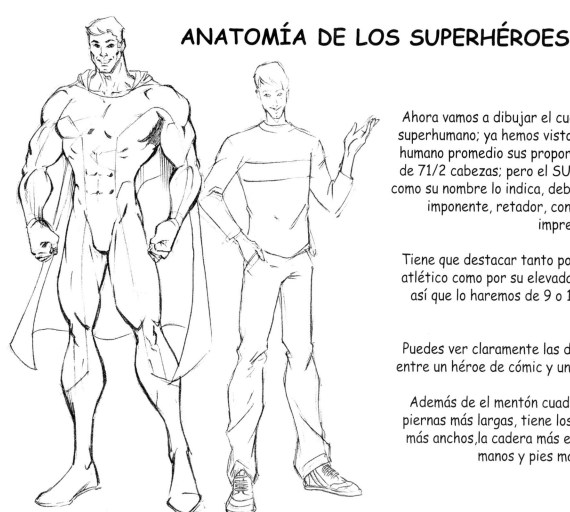

Ahora vamos a dibujar el cuerpo de un superhumano; ya hemos visto que en un humano promedio sus proporciones son de 71/2 cabezas; pero el SUPERhéroe, como su nombre lo indica, debe ser más imponente, retador, con músculos impresionantes.

Tiene que destacar tanto por su físico atlético como por su elevada estatura, así que lo haremos de 9 o 10 cabezas de altura.

Puedes ver claramente las diferencias entre un héroe de cómic y una persona normal.
Además de el mentón cuadrado y las piernas más largas, tiene los hombros más anchos, la cadera más estrecha y manos y pies más grandes

Ya hemos trazado a un personaje de proporciones superheróicas, ahora hay que ponerlo en acción, y para dibujar cómics, esta acción debe ser de un dinamismo exagerado.

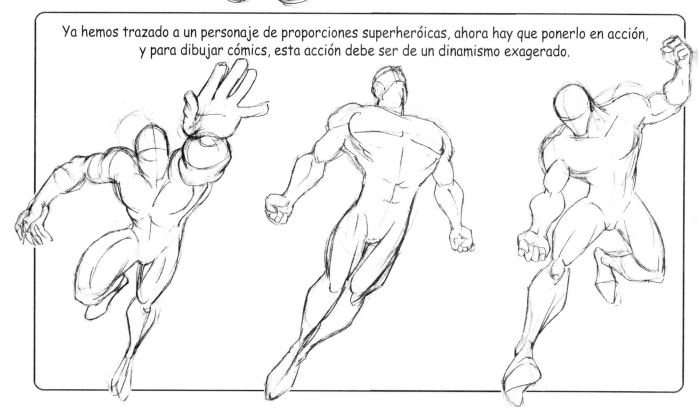

La superheroína es descendiente directa de las valkirias y las amazonas; debe ser una mujer de grandes atributos y aspecto decidido, y por supuesto, con una belleza fuera de lo normal.

Al igual que el superhéroe, la mujer superheróica debe medir 9 o 10 cabezas, y sus piernas son mucho más largas que las de cualquier mujer común.

Su físico debe ser atlético, pero aunque esta heroína sea superfuerte, no debe mostrar musculatura exagerada ni espalda demasiado ancha

Por muy enérgicas que sean sus acciones, la superheroína típica nunca debe dejar de verse sexi; un buen consejo para lograr dinamismo conservando la sinuosidad del cuerpo femenino es dibujar la figura en base a una letra "S"

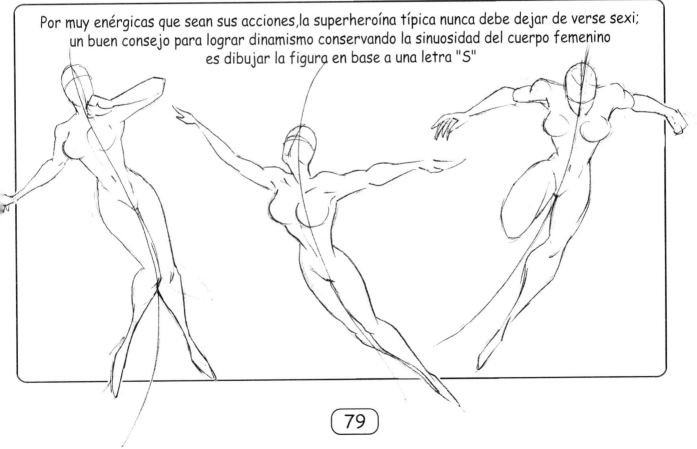

Uno de los caracteres más populares en los cómics es el fortachón; a lo largo de todos estos años los dibujantes han ido exagerando cada vez más la musculatura de estos personajes hasta llegar a extremos en los cuales, de existir el personaje en la vida real, estaría imposibilitado de realizar cualquier movimiento.

Sin embargo en los cómics todo es posible, así que siéntete libre de realizar a tus personajes tan musculosos como quieras, pero tén siempre presente que el secreto para lograr ésto eficazmente NO ES INVENTAR músculos inexistentes llenando a tu personaje de bolas por todas partes, sino EXAGERAR la musculatura real.

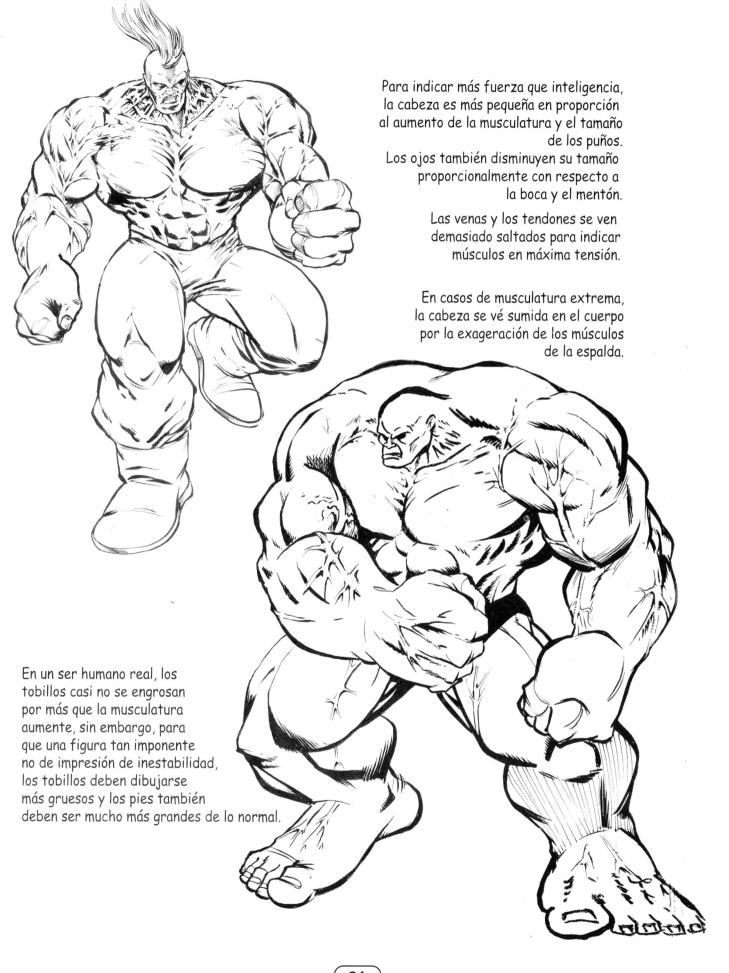

Para indicar más fuerza que inteligencia,
la cabeza es más pequeña en proporción
al aumento de la musculatura y el tamaño
de los puños.
Los ojos también disminuyen su tamaño
proporcionalmente con respecto a
la boca y el mentón.

Las venas y los tendones se ven
demasiado saltados para indicar
músculos en máxima tensión.

En casos de musculatura extrema,
la cabeza se vé sumida en el cuerpo
por la exageración de los músculos
de la espalda.

En un ser humano real, los
tobillos casi no se engrosan
por más que la musculatura
aumente, sin embargo, para
que una figura tan imponente
no de impresión de inestabilidad,
los tobillos deben dibujarse
más gruesos y los pies también
deben ser mucho más grandes de lo normal.

Para llegar a ser un buen dibujante de cómics, además de dominar la anatomía superheróica y las poses dinámicas, es de vital importancia que domines el dibujo de TODOS los tipos de anatomía y poses; de ésta forma el mundo imaginario que plasmes en el papel será más creíble para los lectores.

Mira por ejemplo ésta viñeta; todos los personajes que aquí aparecen están dibujados de la misma forma; todos son atléticos y perfectos; y de esta forma tu personaje principal se pierde en la multitud.

En cambio mira esta otra viñeta donde se representa a la gente tal y como es; de esta forma tu super-héroe destaca y se puede distinguir entre la muchedumbre.

Además de un físico sobresaliente, tu héroe o heroína deben destacarse por una actitud más dinámica que la de la gente que los rodea.
Aquí tenemos algunos ejemplos donde un personaje, aún sin disfraz especial, resalta entre la gente común.

Hay un elemento muy importante que debes tener en cuenta al momento de crear personajes.
"La grandeza de un héroe se mide por el tamaño de sus enemigos".
Es tan importante la creación de un superhéroe como la de los enemigos a los que se debe enfrentar;
y éstos deben verse más grandes, más fuertes, más feroces o más hábiles que el héroe,
de esta forma el derrotarlos constituye una hazaña más impactante

VESTUARIO Y ACCESORIOS

Para que un superhéroe esté completo necesita su uniforme, es decir, una vestimenta especial con la que se le podrá identificar viñeta tras viñeta.
El uniforme deberá representar el carácter de tu héroe y reflejar el tipo de habilidades especiales que posea.

Los elementos que presentamos a continuación son los más recurrentes en la realización de superhéroes; a tí te toca decidir cuales de ellos te son útiles para la creación de tus propios personajes o si quieres intentar una fórmula totalmente diferente

El uniforme típico de los superhéroes consiste en una malla colorida entallada a su cuerpo con un símbolo bien visible en el pecho y una máscara para ocultar su identidad. A veces la máscara es sustituida por un antifaz tan pequeño que parece imposible que nadie sepa quién es en realidad.

Este uniforme se puede complementar con guantes, botas, cinturón para cargar algunos accesorios especiales y en ocasiones, una capa.

Anteriormente todos los superhéroes solían utilizar truzas por encima de las mallas, pero en la actualidad eso ya no está de moda.

Si quieres que tu personaje sea un ser misterioso que acostumbra rondar en la oscuridad, puede usar ropa negra y una capa o gabardina para ocultarse más fácilmente en las sombras.

Si te gusta que tu héroe tenga un enfoque más realista, puedes vestirlo con ropa y accesorios comunes y corrientes, pero combinándolos de tal forma que no pierda su aire heróico

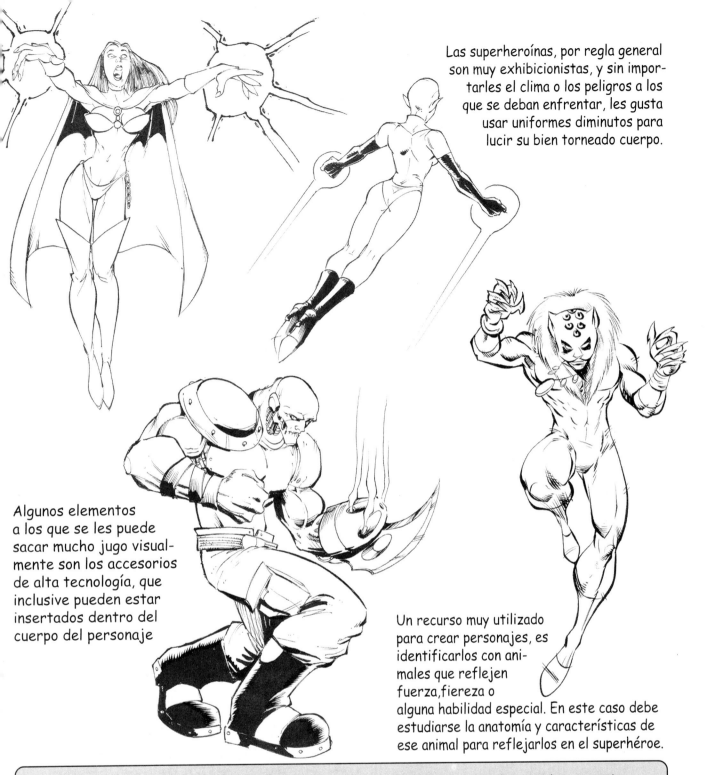

Las superheroínas, por regla general son muy exhibicionistas, y sin importarles el clima o los peligros a los que se deban enfrentar, les gusta usar uniformes diminutos para lucir su bien torneado cuerpo.

Algunos elementos a los que se les puede sacar mucho jugo visualmente son los accesorios de alta tecnología, que inclusive pueden estar insertados dentro del cuerpo del personaje

Un recurso muy utilizado para crear personajes, es identificarlos con animales que reflejen fuerza, fiereza o alguna habilidad especial. En este caso debe estudiarse la anatomía y características de ese animal para reflejarlos en el superhéroe.

Todos los consejos que te hemos dado para la creación de personajes de cómic están orientados al género de los superhéroes, que es el más gustado en la actualidad; sin embargo, hay muchos otros estilos de hacer cómics, y por lo tanto, muchos tipos diferentes de personaje.
Es recomendable que conozcas la obra de artistas europeos y latinoamericanos que desde los años 70's han venido desarrollando un concepto mucho más experimental y artístico.

Así que, aunque no te gusten los superhéroes, tienes toda la libertad para incursionar en el medio de los cómics con una propuesta original e innovadora.

ENCUADRES

En el cómic, de la misma forma que en el cine, se utilizan términos especiales para indicar las tomas y los encuadres de cada viñeta; los principales tipos de encuadre son:

PLANO GENERAL
Da una idea total del escenario donde transcurre la acción

PLANO MEDIO CONJUNTO
La figura aparece de cuerpo entero

CLOSE UP
Sólo aparece la cabeza y parte de los hombros

BIG CLOSE UP
Abarca únicamente un pequeño detalle de toda la figura

PLANO MEDIO
Abarca desde la rodilla hasta la cabeza de la figura

En cuanto a los ángulos de toma, los principales son:

ANGULO NORMAL
Los personajes están a nuestro nivel visual;
este ángulo da una idea de familiaridad.

ANGULO INCLINADO
Puede expresar dinamismo o situaciones críticas

ANGULO EN PICADA
El punto de vista es de arriba hacia abajo; el personaje
que aparece en esta viñeta puede dar idea de inferioridad

CONTRAPICADA
El punto de vista es de abajo hacia arriba;
proporcionando la sensación de superioridad

Con la correcta combinación de estos encuadres y ángulos de toma se deben diseñar las viñetas, procurando en todo momento que el resultado sea una página interesante y agradable visualmente.

Para realizar un cómic, se sigue básicamente el mismo proceso que para hacer una película, sólo que en lugar de celuloide el resultado final queda plasmado en papel.

Cuando veas una película, procura analizar cómo manejó el director cada escena, que tipo de encuadres utilizó y en que secuencia; aprovecha estas experiencias cuando realices tu cómic.

ENTINTADO

Al dibujar un cómic debes tener en cuenta que su función principal es la de ser reproducido por medios foto-
mecánicos para que pueda ser visto por miles de lectores.
Para facilitar esa reproducción lo más conveniente es que el trabajo quede terminado en blanco y negro, sin tonos
grises intermedios, por lo que es necesario, una vez que acabaste tu dibujo, entintar los trazos a lápiz y después
borrarlos para evitar que ocasionen algunas manchas cuando tu dibujo entre a imprenta.

Si quieres hacer más fácil este procedimiento, en lugar de utilizar lápiz puedes hacer tus trazos muy suavemente
con un lápiz de color azul claro o verde agua, así te evitas el tener que borrarlos una vez que estén entintados,
porque estos colores no se registran en la fotomecánica.

Para entintar, los materiales indispensables son pincel, tinta china negra y cartulina opalina o bristol. Para cubrir
amplias zonas de negro, mezcla a partes iguales la tinta china con pintura gouache negra, también debes tener a
mano gouache blanco para cubrir pequeños errores en tu entintado.

Para aprender a manejar el pincel lo primordial es perder el miedo a usarlo.
Al principio no intentes ser muy preciso, sólo tómalo y suelta la mano haciendo rayas
pequeñas y cortas en una hoja blanca.

Después, con el dorso de la mano pegado al papel desliza todo tu brazo sobre la superficie
y traza una línea recta aplicando la misma presión en todo el trazo.

Ahora traza más lineas rectas, pero esta vez varía la presión del pincel sobre el papel
para hacer segmentos de la línea más gruesos o más delgados.

La ventaja de entintar con pincel es, precisamente, la capacidad de enriquecer
tu dibujo creando líneas delgadas o gruesas según lo requieras.

Además del pincel, hay otros materiales con los que puedes entintar tu dibujo. Aquí hay una muestra del resultado que se obtiene con cada uno de ellos.

Estilógrafo
Artline 0.4

Pincel Windsor and Newton
Serie 7 #16

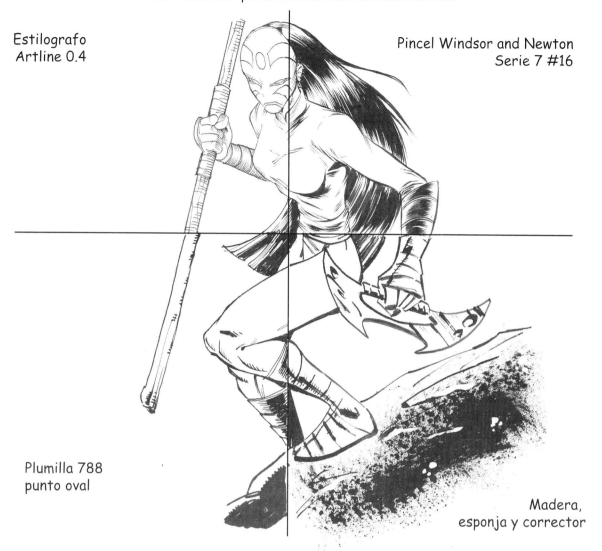

Plumilla 788
punto oval

Madera,
esponja y corrector

Aquí tenemos algunos ejemplos de entintado libre; para entintar puedes experimentar con los más diversos materiales, lo importante es que te sientas satisfecho con los resultados y que vayas creando un estilo con el que te sientas seguro y cómodo.

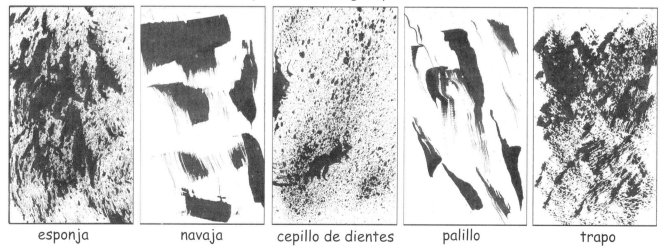

esponja   navaja   cepillo de dientes   palillo   trapo

DIBUJANDO MANGA

Pasemos ahora al estudio de uno de los estilos más populares de los últimos años: EL MANGA.

Este estilo de dibujo, originario de Japón, tiene su orígen en el siglo XIX, pues, si bien ya existían grabados antíguos caricaturizando ciertos aspectos de la vida, es durante el gobierno Meiji que las ilustraciones delartista Katsuhika Hokusai toman el nombre de "MAN-GA", es decir, "Imágenes irresponsables".

Es en el siglo XX que el manga aparece como una manifestación cultural precisa. Tomando la influencia de los ojos enormes plasmados en las películas de Disney, los artistas japoneses desarrollan un estilo único, en el cuál adaptan esta influencia norteamericana y la transforman para crear un estilo totalmente nuevo.

Uno de estos pioneros es Ozamu Tezuka, hoy llamado "El padre del manga", cuyos personajes sientan las bases para ésta corriente.

"Tetsuwan Atom"
Osamu Tezuka

Con el tiempo, éste estilo ha ido desarrollando varias corrientes, cada una de ellas con sus variantes, lo que ha hecho que éste sea un género muy diversificado, pero con ciertas constantes y clichés en la forma de dibujarlo; estas constantes son las que veremos a continuación.

"I"s"
Katsura
Masakazu

"Clover"
Estudio CLAMP

"Wind, a breath of heart"
Minori/Alchemist/Honex

"Berusaiyu
No Bara"
Riyoko Ikeda

"Gals!"
Mihona Fuuji

"Fake"
Sanami
Matoh

"Wild Rock"
Kasuza Takashima

"Gorugo 13"
Takao Saito

"Sailor Moon"
Naoko Takeuchi

"Saber Marionette"
Satoru Akahori
Yumisuke Kotoyoshi

"Tenjo Tenge"
Oh Great

ANATOMÍA

Lo primero que notamos es que el manga simplifica la anatomía. La gran mayoría de dibujantes japoneses, aún dentro de su estilo particular, tienden a trabajar líneas delgadas y a veces, a eliminar los músculos.

No existe un estándar de proporción, ya que ésta varía de un autor a otro. La proporción típica es de seis cabezas y media en mujeres y siete en hombres, pero, por ejemplo, Rumiko Takahashi (autora de Ranma 1/2) trabaja cuerpos de cinco a seis cabezas, mientras que estudio CLAMP (creadores de Guerreras Mágicas y Card captor Sakura) llegan a trabajar hasta diez u once cabezas.

SUPER-DEFORMED o "CHIBI"

Es un estilo muy típico del manga, que consiste en realizar una versión pequeñita y adorable de los personajes. (Chibi significa "pequeño").
Su altura puede ser de 2 a 4 cabezas.

LA CABEZA

Este es un típico rostro estilo manga; notarás las diferencias que guarda con respecto a un rostro real:

1.- Se agranda el cráneo y se reduce la zona de la cara

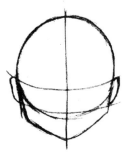

El mentón se acorta pero la proporción de las orejas se mantiene entre la ceja y la nariz.

2.- Los ojos son la parte más característica del rostro, son enormes y llenos de brillo.

3.- La nariz se reduce a un punto o un triángulo ínfimo.

4.- La boca se simplifica a unas cuantas líneas.

5.- El cabello cae en mechones muy definidos.

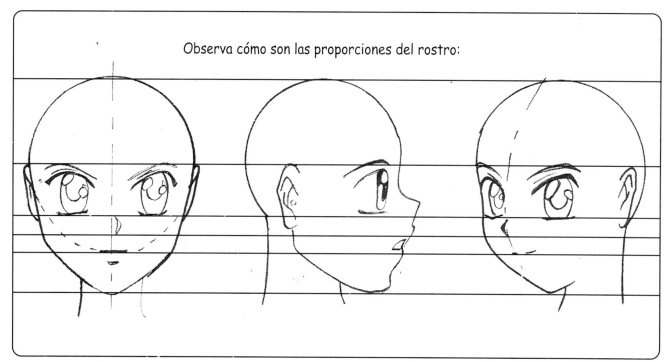

Observa cómo son las proporciones del rostro:

OJOS

Esta es una parte de vital importancia, ya que define la expresión de nuestro personaje.
Como cada MANGAKA (dibujante de manga) trabaja de manera diferente, no existe un estándar en la forma de dibujar ojos, sin embargo, aquí te daremos ciertos tips básicos:

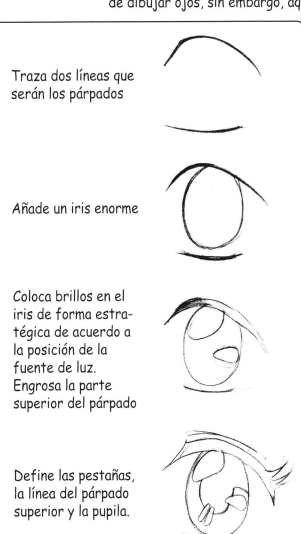

Traza dos líneas que serán los párpados

Añade un iris enorme

Coloca brillos en el iris de forma estratégica de acuerdo a la posición de la fuente de luz. Engrosa la parte superior del párpado

Define las pestañas, la línea del párpado superior y la pupila.

Define con lápiz 2B

Por regla general, entre más agrandes el ojo el personaje se verá más infantil.

HOMBRES

Trabaja cejas anchas, pocos brillos y no marques pestañas fuera del párpado, pues los harás ver afeminados.

Trabaja el párpado superior más ancho y el inferior delgado.

En los ancianos marca pliegues inferiores para denotar la edad

MUJERES

Trabaja las cejas muy delgadas, agranda las pestañas y añade mas brillos en el iris.

Hazle también pestañas en el párpado inferior.

CABELLO

Dependiendo del mangaka, el cabello sufrirá variaciones, sin embargo, la mayoría lo representa voluminoso y con brillos artificiales, como si fuesen bloques de plástico.

Frecuentemente se utilizan peinados muy alborotados o inverosímiles y se trabajan mechones delgados y cabellos sueltos.

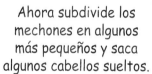

Ubica el punto específico de donde parte el peinado, y a partir de él saca líneas para definirlo.

Agrupa esas líneas en mechones gruesos.

Ahora subdivide los mechones en algunos más pequeños y saca algunos cabellos sueltos.

Finalmente, con lapicero marca líneas delgadas dentro de los mechones y traza los brillos.

Aquí tienes varios ejemplos.
Obsérvalos y te darás cuenta que todos parten del mismo método, lo que varía es el grosor de los mechones.

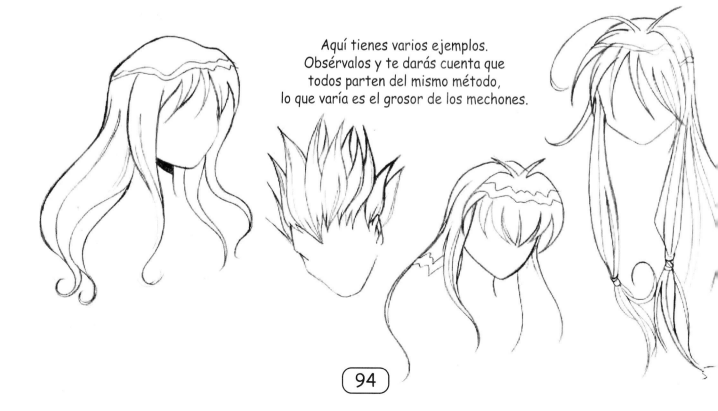

NARIZ Y BOCA

En el manga, todo lo aprendido sobre la nariz desaparece, pues ésta sólo se representa de modo muy minimalista. No existe una división étnica y los mangakas muy rara vez definen el cartílago o las fosas nasales de modo realista.

La boca también es simple, pues rara vez se marcan los labios superiores y el labio inferior apenas se insinúa por una línea. En el manga la boca es muy importante para reflejar las emociónes del personaje, por lo que existen varias expresiones caricaturescas muy típicas de este estilo.

BOCA MASCULINA

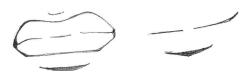

Hazla grande y trabaja sólo las líneas de la boca y del labio inferior.

BOCA FEMENINA

Se traza con líneas mas sutiles siguiendo la misma forma básica. hazla pequeña y, si vas a marcarle los labios, no los sombrees a mano, sino con medio tono.

EXPRESIONES TÍPICAS

Boca de gato: Se ocupa en personajes femeninos para denotar ternura

Asombro caricaturesco

Alegría desenfadada

Enojo caricaturizado

Embobada (a)

Asombro o susto deformado

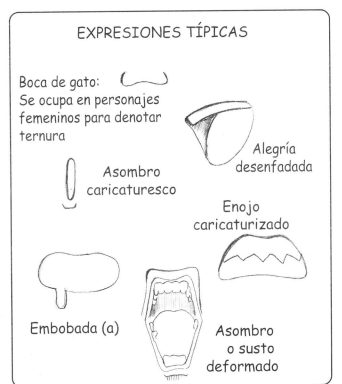

CONJUNTO COMPLETO DEL ROSTRO

CUERPO MASCULINO

El manga tiende a hacer personajes masculinos muy delgados y delicados de facciones; tanto que si uno no pone cuidado, llegan a rayar en lo andrógino.

Los músculos se simplifican mucho, algunos incluso se omiten; mira estos ejemplos:

Apenas y marcamos el esternocleidomastoideo

El deltoides se representa delgado y con pocas líneas

Los pectorales se marcan suavemente y con pocas líneas.

Los serratos desaparecen.

El músculo recto se representa con líneas sintetizads. no se marcan los cuadros del abdomen.

No se marca ningún músculo del antebrazo.

Visto de espaldas el cuerpo mantiene los mismos cánones:

- Complexión delgada

- Hombros estrechos

- Cintura y cadera largas

-Omisión de los músculos,si acaso un par de líneas para definir los omóplatos.

BRAZOS

Para dibujar los brazos sigue éstas indicaciones:

- Disminuye el ancho del deltoides.

- Marca su división con ashurado suave.

- Alarga la zona de los bíceps y márcala con líneas suaves.

- Señala el codo.

- No marques ningún músculo del antebrazo

MANOS

Las manos se dibujan suaves, pero marcando nudillos y metacarpos para denotar la esencia masculina.

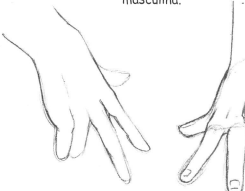

Algunos mangakas las hacen más largas de lo normal

LAS PIERNAS

La mayoría de las veces las piernas masculinas están cubiertas por la ropa, pero las veces que aparecen veremos que de igual manera, los músculos son minimizados.

LOS PIES

- Trabájalos en tres secciones: talón, empeine y punta.

- Plántalos bien, no los pares de puntas.

- Hazlos de tamaño grande para que no luzcan afeminados.

NOTA:

Pocos mangas realmente marcan la musculatura de la forma en que lo hacen los cómics norteamericanos, pero entre estos podemos encontrar títulos como Dragon Ball, creado por Akira Toriyama.

COMPLEXIONES

Adolescente típico.

Tipo rollizo.

Complexión estilo FIGHTER. En este "estilo heróico" los hombres son de complexión robusta, pero sin que la musculatura se marque tanto como en el estilo americano

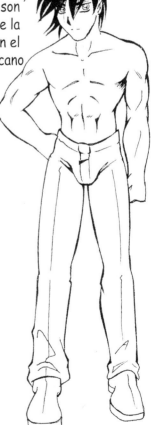

Complexión estilo YAOI. En este género los hombres son muy delgados, de tórax estrecho, extremidades largas y rostros andróginos

ANATOMÍA FEMENINA

Las mujeres en el manga son otro cantar:
delgadas, sutiles, con cuerpos perfectos
y piernas largas.
Dependiendo del estilo las chicas variarán
su complexión, pero eso si, prácticamente
nunca verás mujeres gordas en el manga.

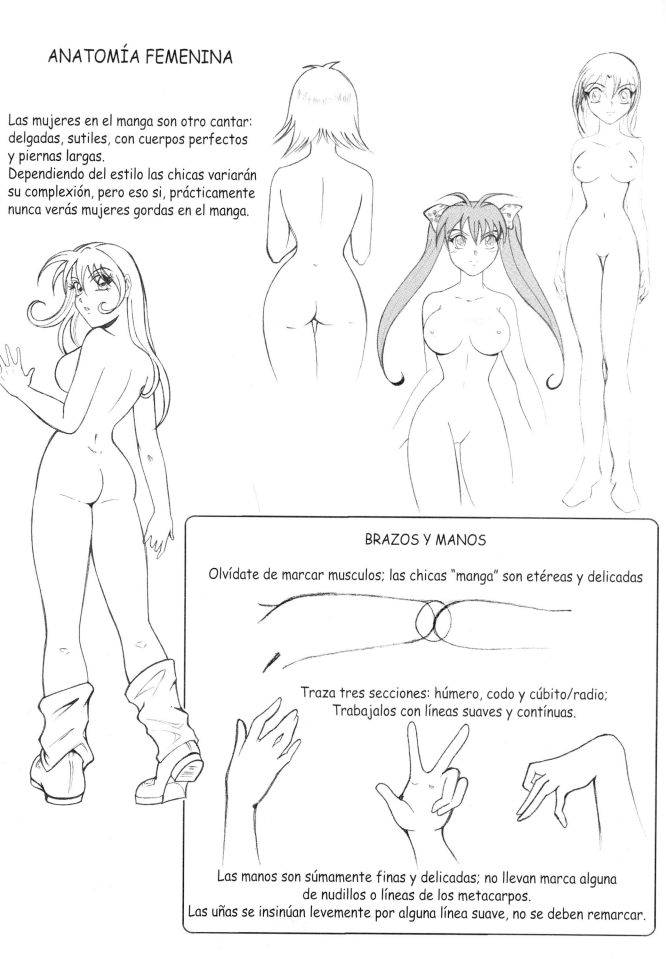

BRAZOS Y MANOS

Olvídate de marcar musculos; las chicas "manga" son etéreas y delicadas

Traza tres secciones: húmero, codo y cúbito/radio;
Trabajalos con líneas suaves y contínuas.

Las manos son súmamente finas y delicadas; no llevan marca alguna
de nudillos o líneas de los metacarpos.
Las uñas se insinúan levemente por alguna línea suave, no se deben remarcar.

PIERNAS Y PIES

Las piernas femeninas estilo manga son exageradamente largas y delgadas.
Dependiendo del estilo, la pierna quizás pueda acortarse un poco, pero eso sí,
sin dejar de ser delgada y poco torneada.

Los pies casi siempre son trabajados con calzado puesto, y las pocas veces
que los vemos descalzos no lucen detallados.

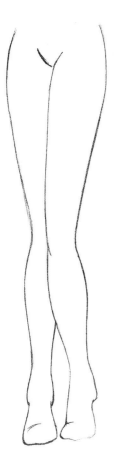

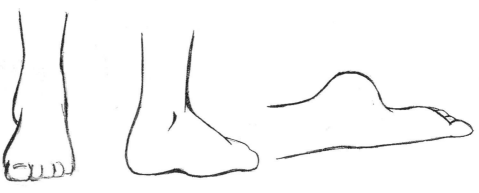

Un detalle muy recurrente en el manga es que las mujeres luzcan rostros
sonrientes, con enormes ojos y de aspecto infantil acompañados de
sinuosos cuerpos de piel sonrosada.
Esta estética se ha impuesto mucho en los últimos años con ligeras variaciones
dependiendo del autor y el género de la historia.

RECURSOS GRÁFICOS

El manga posee recursos muy arque-
típicos que, si bien se llegan a utilizar
en otras corrientes, es aquí donde
toman su mayor fuerza:

1.- Uso de líneas cinéticas.

2.- Uso de pantallas mecánicas.

3.- Pocas viñetas por página.

4.- Diálogos verticales.

5.- Orden de lectura de derecha a izquierda.

LÍNEAS CINÉTICAS

Observa este ejemplo, notarás que las líneas
del lado izquierdo le dan carácter y énfasis a la
viñeta. Estas líneas son fáciles de hacer:

Determina el punto de fuga de tus líneas.

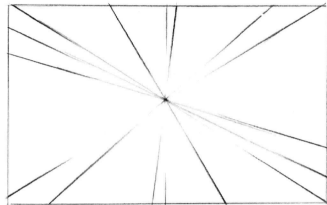

Traza varias líneas tenues que pasen por
ese punto.

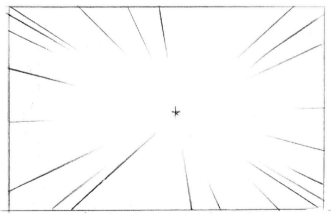

Defínelas "arrojando" la línea, es decir, empieza
a hacerlas de afuera hacia adentro, aplicando
mayor presión en el inicio y afloja el pulso conforme
traces la línea.

Borra las líneas previas ¡Y listo!
Ahora tu viñeta posee más dinamismo.

Aquí tenemos un ejemplo de una página terminada; Este es el tamaño estándar de una revista manga (12 X18 cm.). El sentido de lectura oriental es de derecha a izquierda, al revés de nuestra forma de leer. Analiza los elementos que la conforman.

Líneas cinéticas

Onomato-peyas en japonés

Pocas viñetas; como ves, en este ejemplo sólo se ocuparon cuatro viñetas; ésto es para agilizar el tiempo de lectura.

A causa del estilo de escritura japonés, los diálogos se hacen en sentido vertical, sin embargo, no se modifican al occidentalizarse

Pantallas mecánicas:
Quizás son el rasgo más característico del manga; éstas tramas son finas hojas de puntos que se adhieren al dibujo original. Hay de varios tipos, pero las principales son las autoadheribles, que se transfieren delineando sobre la hoja el tamaño aproximado del área que llevará la trama; se corta, se pega sobre el original y se recorta el sobrante con una cuchilla Exacto, cuidando de no cortar el original. La variedad de éstas pantallas no sólo abarca diferentes tamaños de puntos, sino que también hay de efectos de luz, patrones decorativos, fondos de calles, líneas cinéticas, efectos climáticos (nubes, lluvia, copos de nieve), etc.

ILUSTRACIÓN FANTÁSTICA

Desde los tiempos más antiguos el ser humano ha representado pictóricamente elementos fantásticos, tales como los hombres con cornamenta de las pinturas rupestres, la representación de dioses y monstruos de las diferentes mitologías o cuadros como "El jardín de las delicias" de Hieronnimus Bosch.
Pero es hasta principios del siglo XX cuando el desarrollo de eficaces sistemas de impresión hacen posible la reproducción fiel de una ilustración y su adquisición por miles de personas. A partir de entonces la ilustración fantástica se convirtió en uno de los temas mas requeridos por la industria editorial.

La fantasía heróica es la rama más importante dentro de la ilustración fantástica; también llamado "De espadas y hechicería", éste genero se creó para ilustrar la obra de escritores como Robert E. Howard (creador de Conan) y J.R.Tolkien (creador de El Señor de los Anillos).
Algunos de los ilustradores más reconocidos en este campo son: Maxfield Parrish, los hermanos Hildebrant, Frank Frazzeta, Boris Vallejo, Chris Achilleos, Luis Royo y Brom.

Aquí tenemos un aventurero vagabundo, que es uno de los caracteres más utilizados en la ilustración fantástica.

Si observas con cuidado los detalles de su vestimenta, podrás conocer muchos datos sobre este personaje.
Por ejemplo, las abolladuras en las protecciones metálicas y su espada mellada indican que este guerrero ha sobrevivido a muchas batallas.

También puedes ver que sus botas están llenas de lodo, que carga una gran cantimplora, y un morral, y está protegido por una capa de gruesa piel, por lo que podemos intuir que está viajando lejos de casa y cruza territorios fríos.

Al dibujar personajes de fantasía heróica debes poner especial cudado en todos estos detalles, pues debes tener en cuenta que, a diferencia del cómic, aquí no tienes el apoyo de un texto explicativo; sólo cuentas con el impacto visual de una ilustración para que el espectador entienda la historia que le estás narrando sin palabras.

En este mundo fantástico es válido que exageres el tamaño de las armas o los adornos del vestuario para hacer tu ilustración más atractiva; no importa que en la vida real sea imposible blandir un arma tan grande o que usar cascos y armaduras tan ornamentados te impedirían moverte (ya no digamos entrar en combate). Lo importante aquí es el impacto visual que causes en el público.

Esta armadura es similar a las del siglo XV, pero un casco así solo se utilizaba en los torneos para lucimiento del caballero y no en el campo de batalla.

Este personaje está inspirado en los vikingos del siglo X, pero en la realidad sus hachas eran pequeñas, sus cascos no tenían alas y en lugar del taparrabo y botas de piel de oso utilizaban pantalones y mocasines de tela.

Otro de los caracteres utilizados con frecuencia es el bárbaro musculoso y salvaje; no usa armadura, su vestuario consiste únicamente en botas, un taparrabo de piel y algunos brazaletes o collares; su cabello luce despeinado, sus facciones son duras y tiene varias cicatrices.

El arte en la fantasía heróica está inspirado en la Europa medieval, pero eso no impide que tu puedas incluir elementos de otras épocas y lugares, como por ejemplo, Mesoamérica.

MUJERES

Las mujeres hermosas siempre han sido un elemento vital para la ilustración fantástica.
Al principio sólo aparecían como victimas indefensas esperando ser rescatadas por el valiente héroe, pero poco a poco los caracteres femeninos fueron adquiriendo más fuerza y protagonismo.

Nadie en sus cabales marcharía a la batalla usando una armadura que mantiene desprotegidas las partes más vulnerables del cuerpo, pero las guerreras de la ilustración fantástica al parecer son tan vanidosas que prefieren arriesgar la vida con tal de poder lucir su belleza.
Este tipo de mujeres deben contar con un físico atlético y facciones rudas; un detalle importante en su vestimenta son las botas altas, que reflejan autoridad.

De aspecto frágil, formas delicadas y ojos soñadores, esta damisela es el prototipo de la princesa de cuento por la que cualquier caballero estaría dispuesto a arriesgar la vida.
Sus finos adornos y su blanco y vaporoso ropaje indican que está más acostumbrada a la vida en palacios que a las aventuras peligrosas.

Este tipo de mujer salvaje, la reina de la selva, siempre ha ejercido una gran fascinación en el público de todas las épocas. Por supuesto que en la vida real, una mujer por bella que sea no luciría así después de pasar una temporada dentro de la jungla, pero inexplicablemente las mujeres salvajes de la ilustración fantástica siempre tienen tiempo de maquillarse, depilarse y hacerse el pedicure.

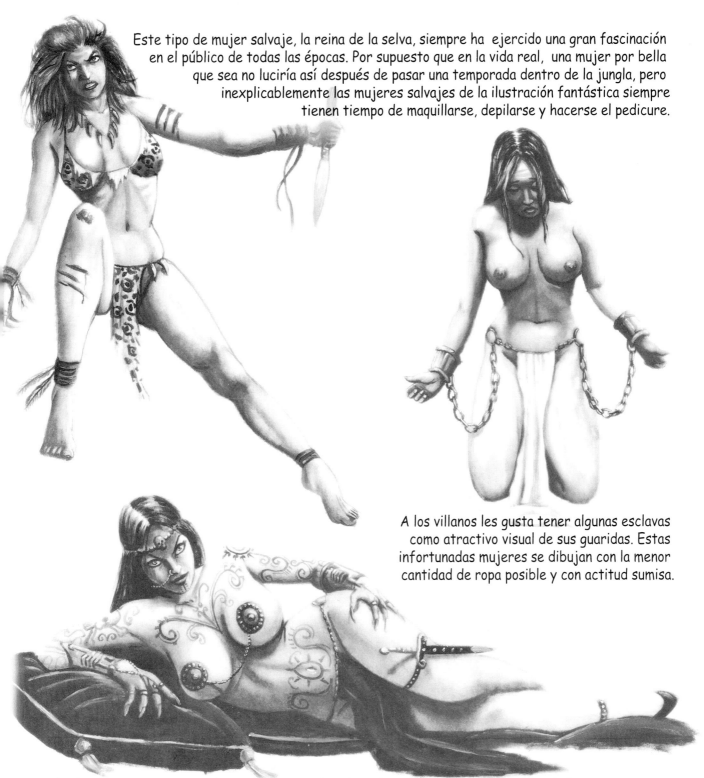

A los villanos les gusta tener algunas esclavas como atractivo visual de sus guaridas. Estas infortunadas mujeres se dibujan con la menor cantidad de ropa posible y con actitud sumisa.

La hechicera misteriosa y seductora es capaz de privar de su voluntad al más fuerte de los guerreros; para crear un personaje así debes tener especial cuidado al dibujar los ojos, que deben reflejar mucho poder y capacidad de seducción.
Generalmente utiliza las uñas muy largas y adornos exóticos en su vestimenta, que es casi siempre de tonos oscuros; la pequeña daga de su cinturón indica que, es una criatura peligrosa.

Algunos elementos que añaden mucha fuerza a un personaje son los tatuajes y la pintura facial, éstos pueden ser utilizados no sólo por hechiceras, sino por cualquier personaje.

MAGOS Y HECHICEROS

Por lo general, estos personajes son de edad avanzada, pues se necesitan muchos años de experiencia para poder dominar las artes mágicas. Casi siempre llevan algún instrumento (bastón, báculo, vara, etc.) mediante el cual pueden desatar sus misteriosos poderes.

El mago bueno es una figura aparentemente frágil debido a sus muchos años y a su extrema delgadez; no se fija mucho en su arreglo personal por lo que su barba y cabello crecen largos y descuidados.

Tampoco son muy importantes para él las posesiones materiales, por lo que su vestimenta es sencilla, de tonalidades sepias y grises, no ostenta ningun adorno lujoso pero sí carga un morral con sus hierbas y pociones.

El hechicero maligno, en cambio, dedica su vida a obtener poder y riquezas, por lo que en su vestimenta abunda el oro y las joyas. Sus colores favoritos son el negro, el rojo y el púrpura.

Observa en este dibujo como la luz que ilumina a este hechicero de abajo hacia arriba le da un aire más misterioso.

Un elemento en el que debes tener especial cuidado al dibujar hechiceros y magos es en las manos; éstas deben ser un poco más grandes de lo normal y con dedos largos y nudosos. No se te olvide enfatizar las arrugas y las venas saltadas.

DEMONIOS

Representan la maldad en su estado más puro y son uno de los peligros más grandes que deben enfrentar los héroes de leyenda; se les representa con cuernos y casi siempre de color rojo, pero tú puedes dibujarlos del color que quieras.

Los ojos de un demonio deben reflejar maldad y dar miedo.
Esto lo puedes conseguir alargando los bordes exteriores hacia arriba, dejándolos sin iris y haciendo la pupila con una pequeña línea vertical.

Los colmillos afilados y el resto de los dientes chuecos y sucios también inspiran repulsion y temor.

Los ojos malignos, los colmillos y las orejas puntiagudas también son característica distintiva de otros personajes sobrenaturales de esencia maligna, como por ejemplo los vampiros.

Estos por lo general son extremadamente delgados y con una piel muy pálida en donde se transparentan las venas.

SERES MÁGICOS

Las leyendas de todo el mundo están pobladas de relatos de seres semi-humanos y mágicos que reciben
diferentes nombres según el lugar de origen del relato.
Aquí te presentamos a los principales, con las características mas comunmente aceptadas de cada uno de ellos;
pero como son entidades que pertenecen al mundo de la fantasía, su apariencia puede ser modificada
de acuerdo al gusto del artista que los plasma en su obra.

ELFOS
Habitantes de los bosques de
escandinavia,se dividen en dos
clases, los claros y los oscuros.
Miden alrededor de 1.80 y son
esbeltos y de ojos
muy grandes.

HADAS
Esta especie abarca una gran variedad de formas y tamaños,
pero generalmente tienen una estatura de entre 90 y 120 cm.
poseen una gran belleza, alas de libélula o mariposa y visten de
verde o rojo.
Pueden vivir en complejas sociedades habitando un lugar mágico
llamado "El pais de las Hadas" o bien vivir solitarias en los bosques;
estas hadas silvestres suelen ser más pequeñas (30 cm. mas o menos).
En la antiguedad las Hadas eran más temidas que admiradas, pues
solían robarse a los niños.

GENTE PEQUEÑA

Son conocidos como duendes, gnomos, pixies, leprechauns o Aluxes . Son narigones y su estatura oscila entre 15 y 60 cm. En proporción a su cuerpo su cabeza es grande y sus piernas y brazos muy cortos. Tienen barbas largas.

ORCOS Y GOBLINS

Criaturas malvadas, feas y sucias. Miden aproximadamente un metro de altura, sus dedos son largos con afiladas uñas, sus ojos son pequeños y porcinos y en su boca se destacan sus grandes colmillos.

OGROS

Conocidos en diversas partes del mundo como trolls, onis o chenoos, son seres muy corpulentos, torpes y fuertes. Pueden medir hasta 3 metros de alto. Tienen la piel gris y fama de devorar seres humanos.

Pueden tener hocico y colmillos de jabalí y se dice que con la luz del sol se transforman en piedras.

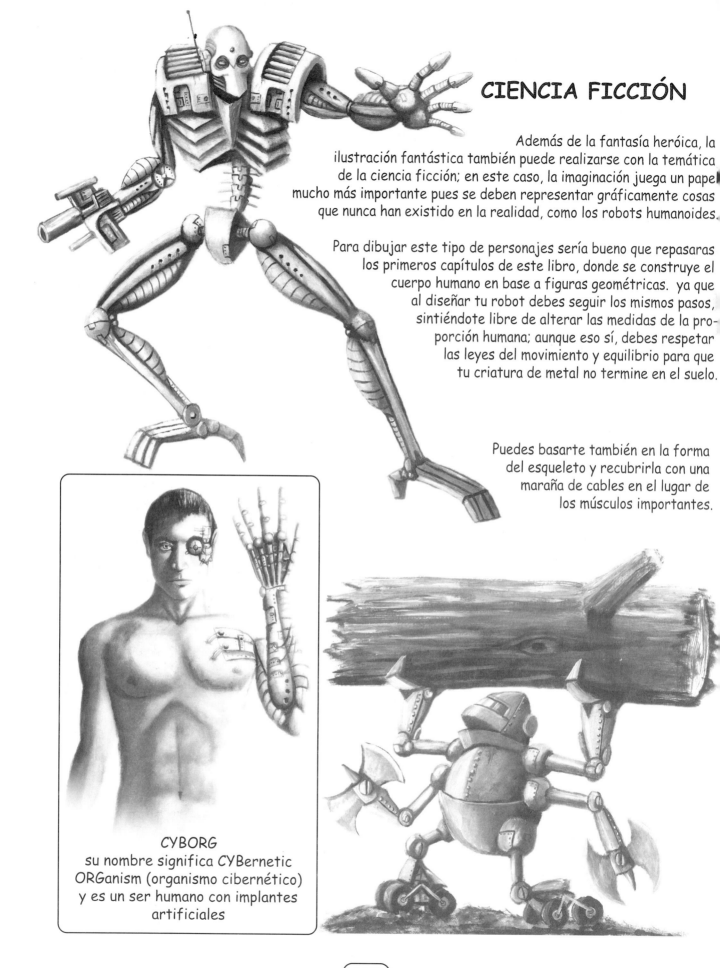

CIENCIA FICCIÓN

Además de la fantasía heróica, la ilustración fantástica también puede realizarse con la temática de la ciencia ficción; en este caso, la imaginación juega un papel mucho más importante pues se deben representar gráficamente cosas que nunca han existido en la realidad, como los robots humanoides.

Para dibujar este tipo de personajes sería bueno que repasaras los primeros capítulos de este libro, donde se construye el cuerpo humano en base a figuras geométricas. ya que al diseñar tu robot debes seguir los mismos pasos, sintiéndote libre de alterar las medidas de la proporción humana; aunque eso sí, debes respetar las leyes del movimiento y equilibrio para que tu criatura de metal no termine en el suelo.

Puedes basarte también en la forma del esqueleto y recubrirla con una maraña de cables en el lugar de los músculos importantes.

CYBORG
su nombre significa CYBernetic ORGanism (organismo cibernético) y es un ser humano con implantes artificiales

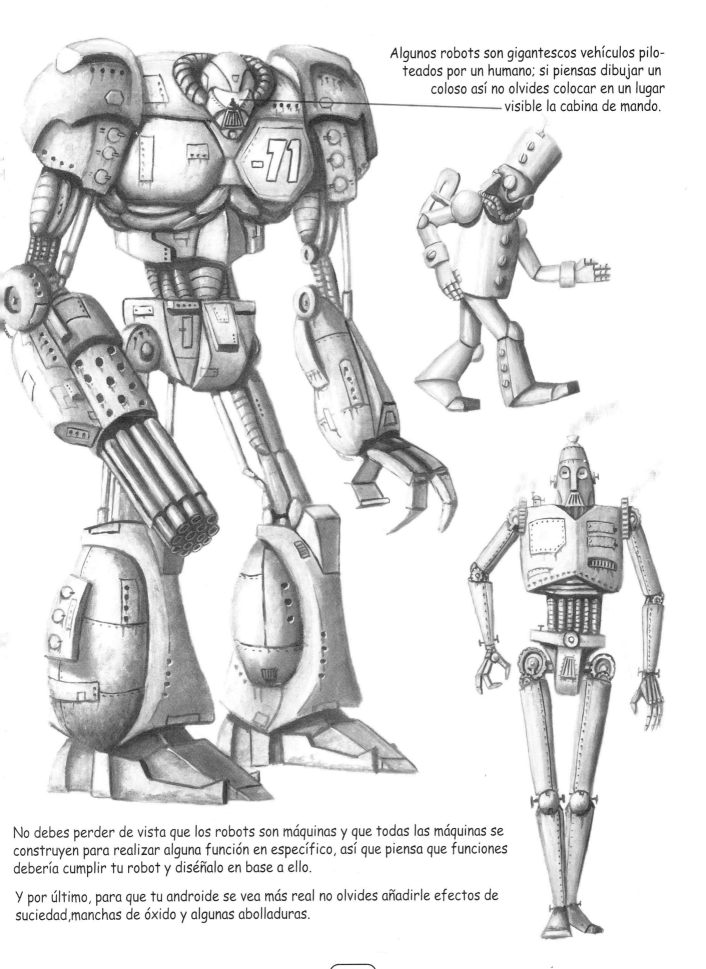

Algunos robots son gigantescos vehículos pilo-
teados por un humano; si piensas dibujar un
coloso así no olvides colocar en un lugar
visible la cabina de mando.

No debes perder de vista que los robots son máquinas y que todas las máquinas se
construyen para realizar alguna función en específico, así que piensa que funciones
debería cumplir tu robot y diséñalo en base a ello.

Y por último, para que tu androide se vea más real no olvides añadirle efectos de
suciedad,manchas de óxido y algunas abolladuras.

TÉCNICAS DE ILUSTRACIÓN

Finalmente vamos a realizar un breve recorrido por las técnicas de ilustración más utilizadas.

Estas son:

- LÁPICES DE COLORES

- ACUARELA

- ÓLEO

- AERÓGRAFO

Debes tener siempre presente que ningún libro, por extenso que sea, podría enseñarte a dominar totalmente cualquiera de estas técnicas de ilustración. Como en todos los temas tratados en este libro, los consejos que a continuación veremos son sólo una base en la cual puedes apoyarte para iniciar tu camino como ilustrador; por lo tanto, no dudes en experimentar por tu cuenta hasta encontrar un estilo propio aprovechando al máximo cada una de estas técnicas.

TRANSFIRIENDO EL BOCETO AL SOPORTE DEFINITIVO:

Para lograr el mejor resultado al realizar una ilustración, hay que trabajar sobre el tipo de papel más conveniente para cada técnica. Para evitar que este papel se maltrate al bocetar en él, es conveniente hacer el dibujo en un papel bond, y una vez terminado, calcarlo en su soporte definitivo. Una manera de hacer ésto es preparando una hoja de calca; ésta se hace cubriendo totalmente una de las caras de una hoja bond con el grafito de un lápiz 8B.

Coloca la hoja con el boceto encima del papel donde realizarás la ilustración, sujétala en uno de los extremos con trozos de cinta adhesiva.

Enmedio de los dos papeles coloca tu hoja de calca con el lado del grafito viendo hacia abajo y repasa los trazos con un lápiz 4H.

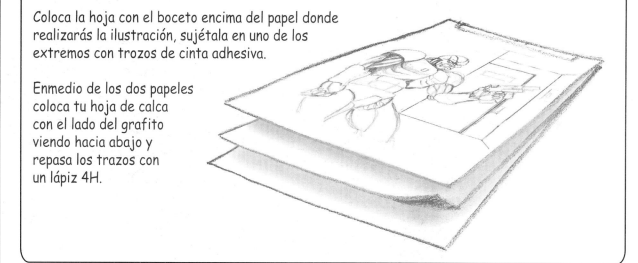

LÁPICES DE COLORES

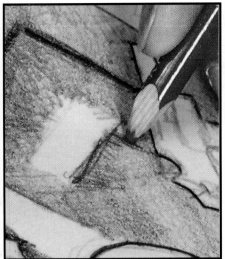

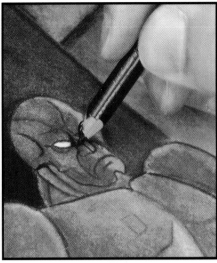

Mediante ashurados ve cubriendo poco a poco la superficie; sobreponiendo colores se pueden obtener distintas tonalidades.

Vierte unas gotas de bencina o fluido para encendedor en un trozo de algodón o papel de baño; frótalo suavemente sobre la superficie y verás como difumina los colores.

Una vez que hayas trabajado las áreas grandes afina la punta de tus lápices de colores y trabaja los detalles

Por su fácil manejo y bajo costo esta técnica es ideal para el que se enfrenta a sus primeros desafíos como ilustrador.

Uno de los soportes más adecuados para utilizar làpices de colores es el papel marquilla.

ACUARELA

Esta es una técnica de pintura donde los colores deben ser diluidos con agua, consiguiendo la intensidad adecuada de tono a base de añadir más o menos agua al momento de disolver el pigmento.
La principal cualidad de esta técnica es la transparencia de los colores, por lo que hay que evitar aplicar capas espesas de pintura y respetar desde un principio las zonas de luz.
La acuarela debe realizarse sobre un papel blanco, grueso y absorbente como el Marquilla o el Ingres; las pinturas pueden adquirirse en presentación de pastillas, tubos o lápices acuareleables.

Antes de empezar a pintar hay que tensar el papel para que no se ondule.

Para ello hay que sumergirlo en una bandeja de agua manteniéndolo en posición horizontal.
Cuando esté bien empapado se saca del agua tomándolo por una esquina y se deja escurrir.

Se coloca el papel mojado sobre la tabla de dibujo y estirándolo se pegan los bordes con cinta adhesiva y se refuerza con chinchetas en las esquinas.

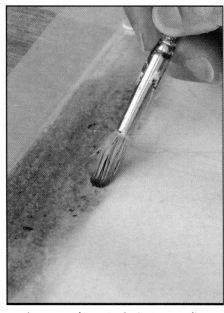

La acuarela se trabaja por medio de "Lavados"; éstos se aplican pasando el pincel bien cargado de pintura de un lado al otro del papel

para obtener un efecto degradado se realiza un lavado gradual, donde en lugar de aplicar pintura, tras cada pasada se aplica mas agua.

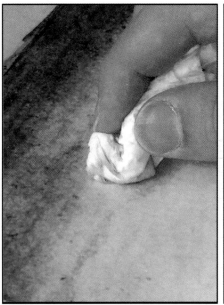

Con un papel secante puedes absorber el exceso de pintura en algunas zonas para conseguir efectos interesantes

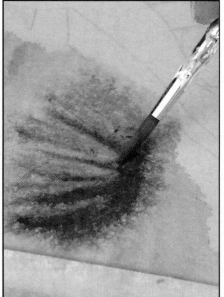

Mediante manchas difusas vamos dando forma a la ilustración. Recuerda que a menor cantidad de agua el color será mas opaco.

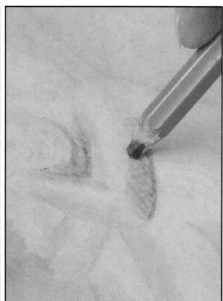

para realzar algunos detalles puedes utilizar los lápices acuareleables, aplicándolos con ashurados y después diluyendo los trazos con un pincel fino.

Al pintar a la acuarela es conveniente empezar por los tonos claros y poco a poco ir oscureciendo las partes que sean necesarias.

ÓLEO

La mayor parte de las óbras maestras del arte universal están pintadas con óleo, y esto es así porque este es el tipo de pintura que ofrece más posibilidades en cuanto a calidad de tonos, intensidad de colores y conservación de la obra.

El óleo se vende en tubos de pintura ya preparados, los cuales se pueden diluir con aguarrás.Se puede pintar al óleo casi sobre cualquier superficie, desde madera y carton hasta lienzos preparados.

Para trabajar al óleo es esencial una paleta para realizar las mezclas de color.
algunas paletas incluyen pequeños recipientes para tener a la mano el aguarrás

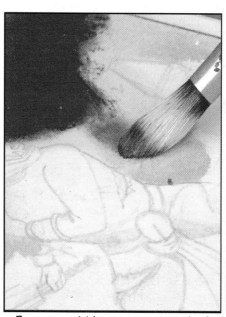

Es recomendable empezar pintando el fondo y gradualmente ir pintando lo que está más adelante; al aplicar la pintura verás que con poca cantidad puedes cubrir grandes áreas con un aspecto difuso.

los pelos del pincel van dejando pequeños surcos en la pintura; si quieres desvanecerlos alisa la pintura con la yema de tus dedos

Si quieres que los elementos se vean más integrados entre sí, al acabar de pintar frota muy levemente la pintura con un pincel grueso y suave.

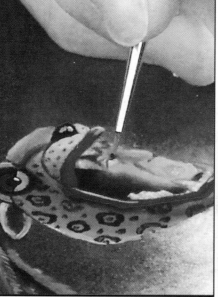

Aprovecha la maleabilidad del óleo experimentando con los efectos que resultan de aplicar la pintura en directo o diluida con aguarrás

El óleo puede tardar en secar cuatro dias; una vez seco puedes aplicarle "veladuras", o sea,capas de pintura muy diluida,creando interesantes efectos de iluminación.

Aunque es un trabajo muy lento, el aplicar varias veladuras enriquece notablemente la obra

AERÓGRAFO

Este instrumento, mediante aire comprimido, lanza pintura atomizada que produce en el lienzo una variedad de luces, sombras y tonos, que se funden unos con otros con una precisión comparable a la de una fotografía. Para su utilización es necesario contar con una compresora, la cual lanza el aire comprimido hacia el aerógrafo; en el interior de éste se encuentra una aguja de metal que, al igual que la boquilla, puede ser intercambiada para dar diferentes efectos de pintura.

El aerógrafo puede ser utilizado con diversos tipos de pintura, siempre y cuando sean totalmente líquidos y no contengan grumos que lo puedan tapar; inmediatamente despues de su uso, debe ser limpiado perfectamente.

Para enmascarillar el dibujo aplica una capa tenue de pegamento en spray a un acetato delgado y pégalo en tu dibujo; con una navaja corta la zona que quieras pintar primero y despréndela con cuidado	Dependiendo de la presión que apliques en la palanca de la parte superior del aerógrafo sale más o menos aire; moviendo la palanca hacia atrás o hacia adelante se gradúa la cantidad de pintura.	Cuando termines con la primera capa, retira la mascarilla de la siguiente área a trabajar; vuelve a cubrir el área pintada y asi sucesivamente hasta que hayas pintado la totalidad de la obra.

Para terminar, realiza a mano libre, sin mascarillas, efectos de difuminado de luces y pinta con pincel fino algunos pequeños detalles.